VIDA PRÁCTICA

10 Negocios que puede empezar con menos de $500

MARIA JOSÉ VIERA-GALLO

Reed
Páginas

10 NEGOCIOS QUE PUEDE EMPEZAR CON MENOS DE $500

Un libro de Reed Páginas
Publicado por Reed Press™
360 Park Avenue South
New York, NY 10010

www.reedpress.com

ISBN 1-59429-023-7

Library of Congress Control Number: 2004105161

Interior diseñado por John Reinhardt Book Design

Impreso en los Estados Unidos de América

10   9   8   7   6   5   4   3   2   1

TABLA DE CONTENIDO

INTRODUCCIÓN

Las ventajas de ser el propio jefe

Todos alguna vez hemos soñado con ser nuestro propio jefe. Muchas veces, sin embargo, por necesidad económica, pereza o ignorancia, terminamos optando por lo más fácil; ser empleado de otro.

Trabajar de manera independiente no es tan difícil como parece, y menos en una sociedad como la estadounidense, donde la minoría hispana es la más grande e influyente del país (y la mayor del mundo después de España y México).

Muchos hispanos recién llegados a este país, ú otros cansados de su status de empleados, han visto en el autoempleo una posibilidad para crear un negocio propio. Los ejemplos de casos de éxito abundan, pero no viene al caso publicarlos en estas páginas.

En el siglo XXI hacer lo que a uno le gusta (o al menos, lo que no le disgusta), y sobrevivir de ello sin tener que rendir cuentas a nadie, puede considerarse una victoria.

Alcanzar esta meta es menos complicado de lo que se supone. Basta sentarse a pensar ¿qué habilidades tengo?; ¿cuales *hobbies* (pasatiempos) he practicado?; o ¿qué experiencia laboral me ha traído mayores satisfacciones?. Entonces las preguntas que se harán, son ¿Podré algún día trabajar por mi cuenta propia?, si no: ¿Tengo afinidad con las mascotas por qué no dedicarme profesionalmente a su cuidado? ¿Si sé cocinar por qué no crear una empresa *catering*? ¿Si he limpiado mi casa, por qué no crear una empresa de limpieza?

Las ventajas de ser un trabajador independiente son indiscutibles: uno mismo decide cuántas horas trabajar, la cantidad de dinero que reunirá semanalmente, y cuándo tomar vacaciones. Muchos de estos trabajos además, se inician y gestionan desde la comodidad y la privacidad de su casa.

Ganar libertad e independencia, exige asi mismo un sentido de responsabilidad, voluntad, constancia, disciplina, y capacidad de organización. Sin estas cualidades ninguna iniciativa personal está destinada a perdurar en el tiempo.

El propósito de este libro es, alentar a pensar el futuro laboral de cada quien, entregando la información básica sobre los 10 negocios posibles para empezar con menos de $500.

En el país del *sueño americano*, el sueño de ser el propio jefe es terrenal: necesita tener los pies firmes en la tierra para despegar.

Algunas aclaraciones sobre este libro

Cada capítulo del libro se refiere a un negocio que se puede emprender de manera independiente por menos de $500. Cada capítulo describe en lo qué consiste específicamente el negocio, su situación en el mercado y los requisitos para llevarlo a cabo. Presenta asi mismo, los siguientes subcapítulos:

Puntos a considerar: cuestiones prácticas necesarias para poner en marcha el negocio.

Aspectos generales: detalla cada labor inherente al trabajo.

Consejos prácticos: reúne recomendaciones para evitar errores, mejorar la eficiencia y manejar situaciones difíciles.

En qué debe invertir: costos detallados de su inversión y su precio aproximado en el mercado. Sobre el valor de herramientas y ciertos productos, se tomó el parámetro de precios en cadenas nacionales.

Cuánto cobrar: es el pago aproximado que puede obtener por su trabajo.

Cómo promocionarse: se enfoca a sus clientes, cómo los encontrará y cómo los conquistará, ilustrando diversas maneras de bajo costo de publicar del negocio.

¡ATENCIÓN!: El mercadeo directo, es la estrategia más promulgada en este libro debido a su bajo costo y a la evaluación inmediata que usted puede hacer de su eficacia.

Un volante es un papel que contiene información básica del trabajo o servicio que está ofreciendo. En una sola frase explique de qué trata su negocio, dar sus datos personales, como su nombre y sus números de teléfonos. Estos últimos se escriben en un inserto previamente cortado, para que así pueda ser extraído por el interesado. La entrega de volantes o tarjetas de presentación en domicilios exige legalmente que estos no sean dejados en los buzones de correo, sino en la entrada de la casa o entre las dos puertas del edificio.

Una tarjeta de presentación contiene el nombre de su negocio, dirección, números de teléfonos, y correo electrónico. Puede también agregar el diseño de un logotipo. Hacerlas en cadenas nacionales como Kinko's es fácil y económico.

Promoción adicional:

Los medios de difusión más efectivos son las publicaciones locales de la ciudad o del estado en el que vive. Si está familiarizado con la computación, el Internet es una alternativa que usted debe investigar. Por ejemplo, un aviso mensual en el popular *www.craiglist.com* cuesta alrededor de $70.

Cosas que debe considerar antes de inicar el negocio

Las cuestiones legales que implica iniciar un negocio, son menos complicadas de lo que se cree. En muchos casos, poseer o no poseer una "green card" (tarjeta de residencia), no es lo más importante. Para evitar malentendidos, infórmese en las instituciones públicas correspondientes (vea más abajo en "Recursos gratuitos") De acuerdo a la Agencia Federal para el Desarrollo de los Pequeños Negocios, (*Small Business Administration, SBA*), necesitará lo siguiente:

- Un Certificado de trabajo o licencia emitida por el estado.
- Un Número de impuesto sobre las ventas.
- Una Cuenta comercial de banco.

¡ATENCIÓN!: Si su negocio tiene empleados, será responsable de retener impuestos sobre el ingreso y para el seguro social, así como cumplir con las leyes laborales que cubren la salud, la seguridad y el salario mínimo de la persona.

Licencias y permisos

Aunque parezca toda una hazaña cumplir con los otros requisitos legales (como licencias y seguros) que cada estado impone, una adecuado información basta para despejar dudas.

La necesidad de trabajar con una licencia o un permiso depende del tipo de negocio que emprenda (trabajar como niñera, por ejemplo, no requiere una autorización especial, pero sí para abrir una guardería infantil); la ubicación del negocio (cocinar en la propia casa tampoco exige mayores trámites legales, pero sí para organizar banquetes para cien personas en un lugar público); las normas federales, estatales, del condado y de cada ciudad. Muchos gobiernos locales exigen una licencia para iniciar un negocio. Esta se obtiene pagando un monto o un impuesto al derecho de trabajar en una determinada localidad, cuyo costo varía entre los $25.00 y $100.00.

Se recomierda consultar la Agencia Federal para el Desarrollo de los Pequeños Negocios, (*Small Business Administration, SBA*) y/o las distintas Cámaras de Comercio, ya por que los reglamentos laborales cambian de ciudad en ciudad y de estado en estado.

Explique qué tipo de negocio piensa realizar para que le digan exactamente los pasos legales exigidos.

Preguntas frecuentes:

1. **Sobre la definición por zonas.** A veces se necesita obtener un permiso para operar en la ciudad. Para negocios hogareños, verifique con su municipio o ciudad acerca del uso de su hogar. Revise con cautela todo tipo de restricciones, Sobre el uso señales publicitarias y el estacionamiento de sus clientes. Debe comprobar que su negocio no produzca tráfico, ruido u algún olor antes de hacerse de enemigos entre sus vecinos.

2. **Sobre las licencias y permisos.** Se necesitan para operar legalmente en cualquier lugar. Si el negocio está situado dentro de los límites municipales incorporados, debe obtener una licencia de la ciudad. Si está fuera de los límites municipales, debe obtener una licencia del condado.

3. **Sobre otros permisos.** Estos incluyen una inspección de los bomberos, del Departamento de Salud (si va a comercializar alimentos), regulaciones ambientales (si utiliza solventes químicos), etc.

Impuestos

Todas las personas deben pagar los impuestos de seguro social. Si está autoempleado, puede hacer su contribución al seguro social mediante el "impuesto de empleo por cuenta propia". Al trabajar por cuenta propia, se contribuye un 15.3% de sus ingresos netos (12.4% para el seguro social y 2.9% para *Medicare*) en su declaración de impuesto de renta.

Necesitará calcular la mejor manera de reportar sus ingresos y pagar sus impuestos comerciales, por lo cual se recomienda hablar con un contable.

Seguros

La principal razón para sacar un seguro es evitar demandas por parte del cliente.

Dependiendo del tamaño de su negocio, o si está ubicado en su hogar o en un lugar comercial debe comprar varios tipos de seguros básicos. Evalúe su situación particular con un agente de seguro. Algunos de los más comunes son:

- **Seguro Comercial**: Protege su negocio contra incendios, robos y accidentes.
- **Seguro de Responsabilidad Civil**: Permite hacerse responsable por un producto que cause daño a un cliente.
- **De Oficina en el Hogar**: Son pólizas que cubren ciertos equipos usados por su negocio y que no son considerados por un seguro ordinario de casa, como líneas telefónicas, computadores, etc.
- **De "Empleado Clave"**: Cuando el negocio depende de usted, y no puede continuar funcionando en caso de lesión, enfermedad o accidente, este seguro permite una continuidad en sus operaciones durante el tiempo en que esté incapacitado para trabajar. Se le requiere además para pedir préstamos a bancos o a programas gubernamentales de ayuda.

Sobre el nombre del negocio

Si le va a poner un nombre a su negocio, asegúrese de que nadie más lo esté utilizando. Diríjase a la municipalidad de su ciudad y busque en la lista de todos los negocios del área.

El registro legal de su nombre DBA (*Doing Business As*) es opcional en la mayoría de los casos, a menos de que incluya palabras como *Compañía, Asociados, Grupo, Hermanos e Hijos* o que utilice un nombre que no sea el de su dueño.

Si quiere proteger su idea de negocio, complete una solicitud de marca registrada en la oficina local del Departamento de Comercio.

Sobre los empleados (si tiene)

Los seguros obligatorios son aquellos que por la ley todos los trabajadores deben tener, ya sea aportando ellos parte del costo como el seguro social (*Social Security*), seguros médicos (*Medicare, Medicaid*), y el Beneficio del Desempleo (*Unemployment*). El único que corre por cuenta del empleador es el seguro de Compensación Laboral (*Workers' Compensation*).

- **Seguro de Compensación Laboral:** Brinda al trabajador los beneficios de gastos médicos y compensación económica en caso de accidente, enfermedad o muerte mientras esté trabajando, sin importar de quién sea culpable. A cambio de esto, el empleador se ve libre de responsabilidades y posibles demandas por parte del empleado o su familia.

Recursos gratuitos

- **Agencia Federal para el Desarrollo de los Pequeños Negocios,** (*Small Business Administration, SBA*): (800) 827-5722; sitio Web (en español): *www.negocios.gov* o *www.sba.gov/hispanic*
- **Cámara de Comercio Hispana:** (202) 842-1212; sitio Web (en español): *www.ushcc.com*
- **Departamento del Trabajo** (*U.S. Department of Labor*): (866) 4-USA-DOL; sitio Web (en español) *www.labor.gov /asp/programs/guide-s.htm*
- **Administración Federal de Salud y Seguridad Ocupacional** (*The Federal Occupational Safety and Health Administration, OSHA*): (800) 321-6742; sitio Web (en español): *www.osha.gov*
- **Servicio de Rentas Internas** EE.UU. (*U.S. Internal Revenue Service, IRS*): (800) 829-1040; sitio Web (en español): *www.irs.com*
- **Biblioteca pública.** Hay bibliotecas públicas en todo el país donde puede consultar gratuitamente una extensa bibliografía en español. Para hacerse socio, no se le exige tener Tarjeta de residencia ni un número de seguro social. Basta mostrar un simple recibo de alguna cuenta (luz o teléfono).

CAPÍTULO 1

CUIDADO DE NIÑOS

Uno de los negocios independientes que tiene su lugar asegurado en el mercado laboral, es el cuidado infantil. Esto es por una simple razón demográfica: mientras hayan niños en el mundo, se va necesitar un adulto que los cuide.

En sociedades modernas, ambos padres trabajan afuera de sus casas y no disponen del tiempo que quisieran tener para compartir con sus hijos. Se calcula que más de la mitad de los niños residentes en los Estados Unidos transcurren parte de su tiempo con alguien ajeno a su familia, ya sea un conocido o un desconocido contratado.

El cuidado de bebés o niños permite trabajar sobre la base de una relación humana recreativa y muchas veces, tiene la ventaja de desarrollarse bajo un horario flexible. Para iniciar este negocio, no se exige diplomas ni grados académicos. La experiencia es bienvenida, aunque un previo entrenamiento en primeros auxilios para menores de edad, es altamente recomendable. El amor para los niños es lo único que no se puede aprender, si no disfruta de su compañía y no tiene paciencia con ellos, es inútil aventurarse en el cuidado infantil, ya que algo que podría ser placentero corre el riesgo de transformarse en una mala experiencia.

Puntos a considerar

Antes de ofrecer el servicio de cuidado infantil, es importante aclarar tres puntos clave:

- **En qué consisten las labores de un cuidador de niños**
  Para evitar confusion y malentendidos, recuerde que un cuidador infantil se dedica exclusivamente a supervisar y acompañar bebés o niños según lo acordado con su cliente (los padres). Otra cosa muy diferente es desempeñarse como nana (*nanny*), enfermera o maestra de apoyo escolar.

- **El pago que espera recibir**
  Es importante establecer desde el inicio cuánto y cómo cobrará por su trabajo. Se les paga por la hora trabajada a la mayoría de los cuidadores infantiles. Muchos de ellos exigen un mínimo de horas de cuidado al día, especialmente si no es constante. Si, por el contrario, se trabaja regularmente con una misma familia se pueden negociar salarios semanales o mensuales.

- **La experiencia que usted tiene**
  Los padres preguntarán qué experiencia ha tenido cuidando niños. Si ha trabajado ya sea como párvular, maestra, o criando sus propios hijos, es bueno decirlo. Si no tiene ningún tipo de entrenamiento, basta que la prueben varios días para evaluar su trabajo.

Una vez que empiece a cuidar un menor es muy posible que otros padres cuyos hijos van a la misma escuela por ejemplo, se enteren de su negocio. Una buena manera de fomentar una red estable de clientes, es organizar grupos de juegos (*play dates*); grupos de mamás (*mommy groups*); clases informales y entretenidas de español, de pintura, lecturas de cuentos o cualquier actividad recreativa.

Para que su negocio sea más competitivo, ofrezca servicios de último momento, si es posible, las 24 horas. Son muchos los padres profesionales que hoy en día deben ausentarse de sus hogares por algún imprevisto laboral—una reunión de urgencia, un viaje de negocios, etc—y no tienen con quién dejar sus hijos. Cuando tenga una demanda estable de niños bajo su cuidado, debe emplear a otros cuidadores y usted podrá dedicarse exclusivamente a organizar cada sesión, dirigiendo y coordinando las labores de sus empleados. Usted es la persona que debe responder por sus empleados, es sumamente importante contratar personas de su confianza y con un estilo similar de cuidado.

Como "jefe" del empresa debe proporcionarles a sus trabajadores el seguro de Compensación Laboral (*Workers' Compensation*), que los compensa económicamente en caso de lesión o muerte en el lugar de trabajo, evitando demandas.

Aspectos generales

1. Durante la semana, se recoge el bebé o niño en el centro de guardería (*daycare center*) o escuela al cual asiste y lo cuida, ya sea en su casa o en la del cuidador, hasta que los padres regresen del trabajo.
2. Durante las noches y/o fines de semana cuida el bebé o niño mientras los padres salen a comer, van al cine, o tengan otro compromiso afuera de su casa.
3. Las tareas prácticas de un cuidador van desde la preparación de la comida a la limpieza de sus necesidades, y ponerlios dormir.
4. Las tareas de orden recreativo incluyen jugar con el bebé o niño, preocuparse de su estado anímico, estimular sus sentidos, acomodar y ordenar sus juguetes, libros y accesorios de entretención.

Consejos prácticos

1. Pregúntele siempre a los padres del bebé o niño a dónde estarán y a qué hora esperan regresar. Asegúrese de anotar

el nombre, la dirección y los número de teléfonos. En caso de que el niño se quede en su casa, verifique que los padres tengan sus datos. Si en algún momento decide salir con el menor, diga dónde estará y a qué hora volverá.

2. Aclare detalladamente qué esperan los padres que usted haga durante el cuidado del niño.

3. Conozca aquellas actividades que la familia prefiere, el tipo de comida que permiten, las restricciones o limitaciones para ver programas de televisión, juegos de vídeo o de computación, o cualquier detalle cotidiano del bebé o niño. Sea capaz, asi mismo, de ofrecer cosas de su propia iniciativa, como por ejemplo, juegos en español, canciones y cuentos.

4. Si tiene dudas, expréselas: los padres les da confianza alguien que hace preguntas y demuestran interés por su trabajo.

5. Los niños, gracias a su percepción natural, cómprenden si son queridos con una simple mirada. La opinión que tengan de usted puede ser decisiva cuando los padres evalúen su trabajo.

6. Esté siempre listo para cuidar a un bebé o niño a último minuto. Basta una llamada el día anterior para preguntar por su disponibilidad.

7. Lleve una agenda donde ordenar horarios y si puede, tenga un teléfono celular para estar siempre accesible.

Medidas de seguridad

Estar a cargo de la vida de un menor de edad no deja de ser un desafío. Mientras un bebé o niño se encuentre bajo la custodia de otro adulto que no sean sus padres, la responsabilidad de su felicidad, salud y seguridad es exclusivamente de esa persona. Dicho de otro modo, cualquier cosa que le ocurra, usted es quien responde.

Muchas veces se suscriben contratos informales "de buena fe" entre las partes para evitar demandas. Sin embargo tener un buen diálogo con los padres es el mejor camino para establecer una mutua confianza y arreglar cualquier problema que se presente.

Los buenos cuidadores de niños están conscientes de la seguridad y toman precauciones adicionales para evitar accidentes, tales como:

- Jamás abrirle la puerta a extraños.
- Nunca, ni por un solo minuto, dejar al bebé o niño solo en la casa.
- No darle al menor ninguna medicina o alimento que no haya sido acordado por los padres.
- Tener a mano los teléfonos del pediatra, de algún pariente cercano y del profesor del niño.
- En caso de emergencia y/o accidente, llamar al 911.

En qué debe invertir

Los costos de inversión son negativos o nulos. Se recomienda, sin embargo proveerse de:

Agenda (para organizar horarios)	entre $ 5 y $10
Celular (optional)	$35 mensuales
Tarjetas de presentación (500)	$100

Cuánto cobrar

El salario de un cuidador infantil varía de los $5 a los $12 por hora, dependiendo del estado y área urbana en que usted vive. En ciudades como Nueva York, San Francisco, Chicago y Los Angeles, un buen negocio es cobrar entre $10 y $12 la hora, como mínimo. En pueblos pequeños y en los suburbios, el pago es entre los $5 a $8 la hora. Cualquier bebé o niño adicional que se cuide, sea un hermano o un amigo, tiene un cobro adicional, en general, entre $3 y $5 por niño.

Cómo promocionarse

Haga volantes y péguelos en papeles murales de escuelas, municipalidades, centros sociales, e iglesias. Fomente, así mismo, el dato de boca en boca, entre los amigos de sus clientes, vecinos y padres de la escuela donde asiste el niño. Disponga de tarjetas de presentación, que contengan un nombre original para su negocio, su dirección y numeros de teléfono.

GUARDERÍAS INFANTILES

Muchos cuidadores infantiles que cuidan varios bebés o niños al mismo tiempo de manera informal, han empezado su negocio de guarderías familiares infantiles (*family home care center*). La única diferencia del *babysitting*, es que el cuidado de menores se realiza en su propia casa y dura lo que dura la jornada laboral de los padres.

Hoy día este tipo de cuidados está teniendo una fuerte alza. Hay tres ventajas potenciales que aseguran el éxito inicial de una guardería familiar infantil:

- Para muchos padres resulta muy atractivo pagar a una guardería familiar, mucho menos costosa que un centro privado de cuidado infantil (*daycare center*).
- Al acoger un número restringido de niños, el modelo de guardería familiar infantil impulsa una alternativa educativa muy popular que personaliza el cuidado y la educación del menor.
- Su bajo costo de iniciación ya que no debe pagar un arriendo adicional. Es además, especialmente conveniente si tiene hijos, ya que aprovecha de cuidarlos mientras trabaja.

Los únicos requisitos para aventurarse en este negocio son haber tenido experiencia como cuidador infantil; vivir en una casa con un espacio adecuado para acoger a un grupo de bebés o niños y ubicada en una zona residencial, tranquila y limpia; y tener una mínima habilidad para la contabilidad.

Para más información, consulte el libro *Cómo empezar un Daycare en su hogar* publicado en esta serie de Vida Práctica.

Puntos a Considerar

Aspectos legales importantes

La norma estatal establece dos modelos de guarderías infantiles; las de un simple registro y las con licencia. Para funcionar legalmente, a la primera sólo se le exige un control de los antecedentes de su director (a) por parte de la policía, mientras que a la segunda se le piden mayores regulaciones, como control sanitario del departamento de salud y control de seguridad por parte del departamento de bomberos.

Los requisitos legales que diferencian un registro de una licencia, sin embargo varían de estado en estado. Por lo general, a medida que las restricciones reguladoras disminuyen, como en el caso de las guarderías registradas, también disminuyen el número de niños a su cuidado.

En ciertos estados no existe requisito legal alguno para abrir una guardería infantil, pero el estar registrado o tener una licencia le da un carácter profesional a su negocio. Se recomienda, revisar la legislación local del Departamento de Salud de su estado.

1. **Guarderías con registro:** Un simple registro de una guardería familiar exige cuidar no más de seis niños (esta cifra puede variar según el estado en que se encuentre) y que la mitad de ellos no sean bebés menores de 18 meses (edad también variable de acuerdo a la legislación local) Los pasos a seguir para registrarse son:

- Completar la solicitud de inscripción del Departamento de Salud. Este documento informa, por supuesto, que el hogar cumple con las medidas mínimas sanitarias para funcionar. Aunque no será controlado anualmente por el Departamento de Salud, en caso de alguna irregularidad, un padre puede presentar una demanda ante los tribunales.

- Completar un formulario del Departamento de Investigaciones. Este autoriza averiguar antecedentes penales relacionados con casos de abusos.
- Pagar una cuota anual, varía de estado en estado.

¡ATENCIÓN!: Aun cuando este modelo de guardería infantil libera de los controles estatales anuales, se recomienda no descuidar ninguna exigencia sanitaria ya que los Estados Unidos es el país de las demandas. Consulte al Departamento de Salud de su ciudad y verifique si cumple con las normas.

2. **Guarderías con licencia:** En general, teniendo un tamaño disponible en el hogar, una licencia permite tener a cargo hasta casi 10 niños menores de 14 años, cifra varía según las leyes estatales. No es recomendable que más de la mitad de ellos sea menor de cinco años ni que más de la tercera parte sea menor de 18 meses, cifra también varía.

Los pasos a seguir para obtener una licencia son:

- Pagar por una adecuada cobertura de seguros, como de accidente, de responsabilidad civil, contra incendio, delito, etc.
- Asegurar beneficios a los empleados. El Seguro de Compensación Laboral (*Workers' Compensation*) es el único obligatorio para el empleador, pero también puede aportar una parte (o la totalidad, si quiere) del costo de otros seguros, como el de Desempleo (*Unemployment*) y de Salud (*Medicare*).
- Cumplir con las normas sanitarias e instalaciones de seguridad ya que anualmente el Departamento de Salud y el de Bomberos inspeccionan el hogar y efectúan visitas imprevistas.

Aspectos generales

En general, desarrollará las mismas labores de un cuidador infantil, aunque la responsabilidad aumenta al tener varios niños bajo su cuidado.

Además de preocuparse de la alimentación y de las necesidades de los menores, deberá hacer dinámicas y juegos en grupo y coordinar las horas de descanso.

Consejos prácticos

Si no cuenta con un capital suficiente para cubrir todos los seguros requeridos, empiece con una guardería infantil con un simple registro legal. Para evitar demandas, converse con los padres lo que ellos esperan que usted haga y puede ofrecerles; exponga con claridad los reglamentos de la guardería en cuanto a las actividades que realiza; y defina cómo actuará en casos de emergencia. Si es necesario, puede suscribir un contrato "de buena fe", entre ambas partes.

En qué debe invertir

El cuidado de niños en el hogar no requiere de gran inversión. ¿Por qué?

Básicamente porque trabaja en su casa y no paga arriendo adicional. Para comenzar a funcionar considere los siguientes gastos:

- Habilitación y equipamiento del hogar. Necesita tener un espacio general despejado donde jueguen los niños así como muebles aptos para su recreación. En caso de bebés, se requieren cunas para sus siestas.
- Alimentos para los niños. Usualmente son los padres los que se preocupan de su almuerzo y merienda, pero éste es

un servicio adicional que usted puede ofrecer. Existen programas de subsidios alimenticios tales como *Child Care Food Program* que devuelven el dinero invertido en comida, y el *Family Home Association Food Program*. Para ser elegibles, se necesita tener una licencia o permiso de trabajo. Llame al (800) 952-5609.

- Juguetes para distintas edades. Los más caros no son los mejores. Se encuentran muchos juguetes de segunda mano en ferias, y liquidaciones de particulares (*garage sales*).
- Tarjetas de presentación que pueden ser mandadas a hacer por aproximadamente $100 por quinientas tarjetas.

Cuánto cobrar

Los precios varían según los estados y zonas del país. Se recomienda ver cuánto cobran las otras guarderías para tener una idea.

1. entre $100 a $200 a la semana por bebé o niño.
2. entre $35 a $50 al día por niño.

Cómo promocionarse

Imprima volantes y afichelos en escuelas, iglesias, centros comunitarios, dulcerías y jugueterías. Aunque muchas guarderías familiares se anuncian de boca en boca, es bueno tener algún tipo de identificación para darse conocer, (lo más común son las tarjetas de presentación). Invente un nombre atractivo en su tarjeta comercial, tal como "Guardería Infantil, COMO EN SU CASA".

CAPÍTULO 2

LIMPIEZA DE CASAS Y OFICINAS

Si hay una palabra arraigada en el inconsciente colectivo de la sociedad norteamericana es *clean*, es decir "limpio". Basta ver el número de avisos publicos que hay sobre los productos de limpieza para darse cuenta de la especial importancia que puede tener una tarea tan universal y aparentemente banal como limpiar.

En los últimos cuarenta años, las preocupaciones domésticas han dejado de pesar sobre los hombros de la mujer (hoy inserta en el mundo laboral) para convertirse en la fuente de trabajo de miles de personas que son contratadas para hacer limpieza. Según el Departamento de Comercio de Estados Unidos, más del 80% de los hogares americanos buscan la ayuda de una persona de servicio (comúnmente conocida como *housekeeper*, sumando más de 45 millones en todo el país.

El crecimiento de la población activa ha creado una verdadera explosión de compañías de limpieza (*cleaning companies*) para oficinas, y ya nadie duda del potencial económico que esconde una escoba. Dada la alta demanda de limpiadores no es necesario afiliarse a una compañía establecida. Cualquiera puede ofrecer sus servicios independientemente, y crear exitosamente su propio negocio de limpieza.

Los únicos requisitos son estar en buen estado físico, no sufrir de alergias (al polvo por ejemplo), ser metódico y lo más importante, disfrutar limpiando. Como se dice en la Introducción "no hay nada mejor que hacer lo que a uno le gusta o al menos lo que no le disgusta".

Las recomendaciones y la experiencia ayudan muchísimo al comienzo, pero en muchos casos, los resultados de un buen primer día de trabajo son la mejor carta de presentación.

Puntos a considerar

En el caso de las residencias, se limpia durante el día mientras el cliente se encuentra en su lugar de trabajo. La limpieza de oficinas, en cambio se lleva a cabo generalmente al final de la tarde, una vez que el personal haya dejado sus oficinas o muy temprano en la mañana, antes de su llegada.

En ambos casos, las dificultades de las labores dependerán del tamaño del lugar el límite de tiempo disponible para hacerlo. En grandes ciudades como Nueva York, sus clientes principalmente viven en departamentos pequeños (de uno o dos cuartos); en las zonas suburbanas, en las casas.

Las oficinas variarán según la magnitud de la compañía; puede tratarse, por ejemplo, de una firma empresarial prestigiosa o de un taller de jóvenes arquitectos, lo que determinará también si va a necesitar otra persona con quien compartir el trabajo.

Durante la primera entrevista con sus clientes, deberá acordar junto a él en qué consistirán sus labores, para lo cual, debe revisar el lugar, analizar su estado, y hacer una lista de las tareas de limpieza requeridas. También tendrá que especificar las horas diarias que le tomará la limpieza y la continuidad o frecuencia de sus visitas, ya sea una o dos veces por semana, una vez cada dos semanas, una vez al mes.

Saber limpiar no significa saber manejar el negocio de la limpieza. La principal clave para su éxito es organizar bien el tiempo, especialmente si se tiene varios clientes por día.

Muchos trabajadores independientes exitosos han comenzado así su propia compañía de limpieza, viéndose obligados a contratar a otras personas para satisfacer la alta demanda. Tener un equipo de personas bajo su propia tutela y administración, requiere cumplir con las normas estatales y federales de protección de sus empleados. En cuanto empleador, usted puede contribuir a pagar el seguro de salud de sus empleados, pero está obligado a brindarles el seguro de Compensación Laboral (*Workers' Compensation*) que les otorga una serie de beneficios en el caso de que sufra un accidente o muera en el lugar del trabajo.

Por otra parte, trabajar en el hogar particular de una persona requiere extremo cuidado y es importante revisar con el Departamento de Comercio del correspondiente estado, las licencias, franquicias y seguros que lo protegerán contra las demandas. Se recomienda consultar un agente de seguros.

¡ATENCIÓN!: La agencia del Departamento de Trabajo, (*Occupational Safety and Health Administration*, OSHA) vigila por el cumplimiento de las normas de seguridad laboral y de salud de cualquier trabajador y en los últimos años ha ganado diversas batallas jurídicas, especialmente para los trabajadores de limpieza. Para más informacion, consulte el sitio Web *www.osha.gov* (en español) o llame al (800)321-6742.

Aspectos generales

- Barrer y limpiar el polvo de todas las superficies. Aspirar suelos y alfombras.
- Limpiar el mobiliario, elementos decorativos y utensilios tales como sillas, mesas, teléfonos, cuadros, armarios, estanterías, lámparas de mesa, microondas, ordenadores, pantallas de TV.

- Desinfectar baños y cocina
- Vaciar y limpiar ceniceros y papeleras
- Retirar residuos y basura
- Hacer las camas (en casas)
- Ordenar el escritorio (en oficinas)

¡ATENCIÓN!: Si hay algo particular que su cliente quiere que haga, muéstrese flexible y aprenda a negociar. Recuerde que ciertas tareas, tienen un valor adicional y son catalogados como servicios especiales.

SERVICIOS ESPECIALES

(Se deben cobrar aparte)

- La limpieza de vidrios (interiores, exteriores), refrigeradores, hornos, bodegas, patios, garajes, alfombras, organización de closet, lavado y planchado de ropa y todo lo que no corresponde a la rutina de limpieza.
- En lugares ubicados en suburbios, zonas residenciales, ciudades pequeñas puede ofrecer limpiar piscinas, botes, automóviles, techos, y sacar nieve (ver Capítulo 3 de este libro).

Otra manera de tener ingresos adicionales es trabajando en ocasiones especiales que requieren un solo servicio de limpieza, como mudanzas, matrimonios, fiestas, bautizos, cumpleaños y fin de una construcción como en edificios nuevos o recién remodelados.

Consejos prácticos

1. Contacte a un amigo/a que ya trabaje en la limpieza y dígale que está interesado en trabajar. La mayoría de los clientes surgen gracias a estos contactos. Cuando alguien tiene de-

masiadas casas u oficinas bajo su responsabilidad, y ya no tiene tiempo para limpiar, recomienda a sus conocidos.

2. En su primera visita, trate de hacer un poco más de lo que le pidan, para dar una buena impresión.

3. Pregunte y aclare todas sus dudas. Si, por ejemplo, debe responder el teléfono en caso de llamadas, abrir la puerta, etc.

4. Respete el entorno, las costumbres y el estilo de vida de su cliente, y no trate de imponer su visión de cómo debe lucir una casa u oficina.

5. Sea lo más discreto posible: no se entrometa en la vida privada de tu cliente

6. La clave para una limpieza exitosa es la organización. Mientras más sistemático(a) sea al momento de ejecutar sus labores de limpieza, mejor será el resultado, lo cual le permitirá ahorrar tiempo, ser contratado de manera estable y ganar más clientes ya que le recomendarán de boca en boca.

En qué debe invertir

Existen cientos de productos y utensilios en el mercado destinados a la limpieza.

Generalmente, si trabaja en casas privadas, es muy probable que su cliente le facilite los mismos implementos y sustancias que él usa habitualmente. Si carece de todos los productos de limpieza adecuados, es pertinente decirle que los compre (aunque muchos trabajadores prefieren asegurarse y tener lo indispensable en su bolso).

Si va a trabajar para una oficina, o va hacer una sola limpieza, y piensa crear su propia compañía de limpieza es su responsabilidad estar bien equipado. Comprar al por mayor o por galones ahorra costos (hay cadenas muy convenientes, como Home Depot).

Guantes protectores de goma	$2
Limpia muebles	$12
Aceite muebles	$6

Cloro	$3
Trapero	$12
Desgrasador	$8
Escoba	$9
Multiusos	$5
Esponja	$2
Lavavajillas	$2
Cera liquida	$4
(Para el piso de madera)	

Cuánto cobrar

Sus ganancias dependerán exclusivamente de la cantidad de clientes que tengas. Hay varias modalidades de cobro:

- Por hora:
  entre $10 y $15 la hora para una casa
  $10 y $20 la hora para una oficina

Muchos limpiadores independientes exigen un mínimo de horas de trabajo, entre 3 ó 4, o lo equivalente a $50 por visita, para que sea lucrativo.

- Precio general de un hogar:
  departamento de un cuarto $50
  departamento de dos cuartos $70
  habitaciones adicionales $10

La limpieza general de una casa empieza a partir de $60 y va subiendo $10 por cuarto adicional.

- Según la frecuencia de su trabajo:
  1 vez por semana: $50 (x departamento)
                        $90 (x casa de 4 habitaciones)

2 veces al mes:	$60 (x departamento o casa)
	$100 (x casa de 4 habitaciones)
1 vez al mes:	$70 (x departamento o casa)
	$150 (x casa de 4 habitaciones)
1 sola limpieza:	$70(x departamento)
(ocasión especial)	$150 (x casa de 4 habitaciones)

Los precios acá expuestos son negociables con su cliente de acuerdo a la cantidad de habitaciones y a la dificultad de las tareas de limpieza.

Cómo promocionarse

Para la limpieza de casas es útil pegar volantes en lugares claves relacionados a la rutina doméstica, como tintorerías y supermercados.

Para la limpieza de oficinas, es muy práctico dejar personalmente volantes en las entradas de edificios comerciales, compañías y bancos.

Una buena tarjeta de presentación que incluya sus datos (nombre, teléfono y dirección y tambien correo electrónico) ayuda a darle profesionalismo a su negocio. Dada la alta competencia en el mercado es recomendable inventar un nombre simple, atractivo para su negocio, como "I shine—Everything shines" (yo brillo—todo brilla), "María's Broom—Bye bye dust" (la escoba de Maria—adiós polvo), etc. Si su imaginación no lo convence, busque inspiración en los nombres de otras compañías de limpieza.

Para ganar credibilidad y promoción, usted puede asi mismo inscribir, pagando $25, su negocio en la Asociación de Limpiadores nacionales profesionales (*National Association of Professional Cleaners*, NAPC). Este organicacion se encuentra llamando al (330) 836-5646.

Recuerde: La mejor publicidad es el que corre de boca en boca. Basta que un cliente esté satisfecho con usted para que sus conocidos lo contacten.

CAPÍTULO 3

SERVICIOS ESPECIALES DE LIMPIEZA

Los servicios especiales de limpieza agrupan todas aquellas tareas que una limpieza general excluye, tales como limpiar vidrios, piscinas, techos o sacar nieve. Una vez más, la falta de tiempo de la gente es el cómplice perfecto para el crecimiento de este tipo de servicios, muy frecuentes en los suburbios de las grandes ciudades o en pueblos pequeños, especialmente entre familias y jubilados.

Con un buen estado físico y un mínimo de conocimiento y/o experiencia sobre las diversas tareas exigidas, cualquiera puede echar a andar uno de estos negocios.

También puede crear una Compañía de Limpieza especializada, capaz de ofrecer cada uno de los servicios aquí nombrados. Su éxito está garantizado por el simple motivo de que los clientes de las casas particulares serán los mismos y ellos ya conocerán sus anteriores laborales. ¿Cuántas veces alguien que limpia la piscina, no ha tenido que recomendarle a su cliente otra persona que limpie el techo?

LIMPIEZA DE PISCINAS

Hoy en día, las piscinasparecen estar en todas partes; en hoteles, moteles, clubes privados o edificios de departamento, casas y condominios.

La Fundación Nacional de Piscinas, (*National Swmming Pool Foundation, NSPF*) estima que existen más de nueve millones de instalaciones comerciales en todo los Estados Unidos que tienen piscinas de un tipo o de otro.

La mayoría de los hoteles, moteles y clubes deportivos cuentan con un personal especializado que se preocupa diariamente del mantenimiento de sus piscinas y spa.

Las residencias particulares, en cambio, contratan trabajadores independientes, ya sea una persona o un equipo de personas, comúnmente al inicio de la primavera y al final del verano. En climas templados, como Florida y California por ejemplo, la demanda en cambio se mantiene estable a lo largo del año.

Aunque existen cientos de compañías establecidas que ofrecen este servicio, competir con un precio más atractivo es una buena estrategia para establecer redes de clientes.

Puntos a considerar

La piscina, como cualquier otra instalación, puede deteriorarse si no se realiza un mantenimiento adecuado, principalmente en sus paredes, en el equipo de filtración y en el equilibrio de acidez del agua que evita la aparición de hongos y algas. Hay dos tipos de limpiezas que puede ofrecer su negocio:

1. Limpieza general de piscinas (o spa): Las piscinas que están al aire libre (en la mayoría de las casas, jardines y techos de edificios) exigen como mínimo una limpieza semanal ya que se ensucian constantemente con polvo, hojas, tierra, mosquitos y otros residuos.

Estas visitas, toman al menos treinta minutos de trabajo y puede repetirlas cuantas veces quiera, según la necesidad del cliente.

En invierno, si la piscina se cubre con una lona, basta con una limpieza mensual.

Recuerde que si tiene empleados bajo su tutela y sufren algún tipo de accidente mientras trabajan—sea su culpa, o la de un tercero—deben estar protegido por el Seguro de Compensación (*Worker's Compensation*) por el cual usted paga.

2. Mantenimiento de piscinas (o spa): Tiene relación con el balance del agua y el correcto funcionamiento del filtro. Gracias a los nuevos productos químicos y a los sistemas de filtración de última tecnología, el mantenimiento de una piscina no exige mayores conocimientos técnicos. Los juegos de productos de limpieza incluyen manuales didácticos sobre cómo por ejemplo, desengrasar filtros o medir la calidad del agua.

Para dedicarse de manera profesional al cuidado de piscinas y spas en lugares comerciales, deberá obtener una licencia de trabajo especial. También le será de gran utilidad invertir en seminarios especializado que ofrecen un certificado de operador de piscinas (CPO). Más de 400 seminarios de CPO se ofrecen en todo los Estados Unidos, en cooperación con la Fundación Nacional de la Piscina (NSPI) y su costo se averigua en el Departamento de Salud de cada ciudad.

Aspectos generales

- Las labores básicas que usted puede ofrecer son: recoger hojas, mosquitos y basura; limpiar las paredes con un cepillo; sacar hongos provocados por la humedad; aspirar la suciedad con un aspirador manual para eliminar los residuos más pesados que caen al fondo de la piscina.
- Las labores de mantenimiento, en cambio exigen tener más experiencia en el cuidado de piscinas ya que requiere una

limpieza del filtro, (si es necesario cambiarlo), así como saber analizar la acidez del agua y dosificar su química usando sistemas de análisis. Estos se compran en cualquier negocio especializado. También encontrará información específica en el sitio de la Web *www.aguauga.com.*

Consejos prácticos

* Sea cuidadoso cuando limpie la piscinas, evite resbalarse y caer al agua.
* Trabaje mientras no haya nadie en los alrededores de la piscina, a fin de evitar accidentes a terceros.
* Recuerde que las piscinas sólo se vacían para reparar alguna fisura o grieta o si se pinta de nuevo. ¡Una piscina vacía puede ser más peligrosa que una llena!
* Si en invierno su cliente deja la piscina sin agua se debe lavar con un producto especial para retirar todos los residuos de musgos, barro y suciedad.

En qué debe invertir

Para limpieza general:

Saca-hojas	$ 8
Cepillo de 18 pulgadas para fondo y murallas	$13
Trapero triangular de piscinas	$20
(Juego especial de instrumentos)	$50

Para mantenimiento

Galón de clorina (para piscinas)	$ 40
Galón de bromina (para spa)	$30
Sistema de análisis de acidez/Ph	$25
Limpiador de filtros	$15
Alcalina	$10

Aclarador de agua (optativo) $15
Tarjetas presentación (100) $100

Cuánto cobrar

Entre $30 y $70 por visita, dependiendo de lo que haga.

Si vive en zonas templadas y trabaja regularmente en la casa del mismo cliente puede llegar a un acuerdo semanal o mensual.

Cómo promocionarse

Se recomienda dejar volantes y tarjetas de presentación en casas particulares de zonas residenciales, edificios y condominios, así como en negocios especiales de piscinas o de accesorios acuáticos. Para adelantarse a sus competidores, hágalo al final del invierno y al inicio de la primavera.

Otra estrategia efectiva para contactar clientes es ir de puerta en puerta ofreciendo sus servicios.

LIMPIAR VIDRIOS

La limpieza de vidrios es uno de los trabajos especializados más comunes que solicita la gente. Todas las casas y departamentos, tienen alguna ventana que debe ser limpiada.

Existen muchas compañías que limpian vidrios o cristales. Algunas de ellas, reconocibles por su logo y el uniforme de sus trabajadores, se han expandido a niveles nacionales. Aunque, muchas cuentan con avisos en las páginas amarillas y vendedores, no significa que tengan el mercado copado.

Un trabajador independiente o una pequeña empresa puede ganar clientes únicamente ofreciendo un precio atractivo, más económico que el de sus competidores.

Puntos a considerar

Limpiar ventanas es un trabajo sencillo siempre y cuando no se haga desde alturas.

Aunque en ciudades con muchos rascacielos, como Nueva York, es común ver hombres en andamios limpiando el exterior de edificios hechos casi enteramente de vidrios, no crea que es fácil llegar ahí. Se necesita estar en una compañía, tener un seguro de accidentes y de vida, y seguir un adiestramiento especial de la Asociación Internacional de Ventanas.

Para iniciar su propia compañía se recomienda concentrar sus servicios en lugares al alcance de la mano, como casas particulares, oficinas, locales comerciales, fachadas de negocios y sitios después de una construcción.

Una estrategia efectiva que le puede dar popularidad en el mercado es ofrecer una limpieza promocional gratuita. Muchas personas no se deciden a contratar alguien que limpie sus vidrios hasta que ven sus ventanas limpias y notan la diferencia.

Dado que la frecuencia de este tipo de limpieza es bimensual y/o mensual, no piense en emplear más trabajadores hasta que la demanda de sus clientes sea estable y vaya en aumento.

Recuerde que como empleador está obligado a darle el Seguro de Compensación (*Workers' Compensation*) a sus trabajadores en caso de accidente. ¡Estar en contacto con vidrios es de por sí bastante frágil!

Para efectos legales sobre otros seguros consulte un agente de seguro o diríjase a La Asociación Internacional de Limpieza de Ventanas, (*International Windows Cleaning Association, IWCA*) una organización sin fines de lucro que se preocupa de los marcos de las regulaciones de este trabajo. Su sitio en el Web es *www.iwca.org* le facilitará la información requerida y su teléfono es el (800) 875-4922.

Aspectos generales

Aunque parezca extraño, la mayoría de los limpiadores de vidrios no usan productos especiales, como spray o líquidos limpiavidrios. Muchos prefieren hacer una mezcla de agua y detergente para lavar vajillas, por lo más económico.

En la Web se encuentran muchos consejos y trucos de cómo efectuar una buena limpieza a bajo costo. Visite el portal de la limpieza profesional *www.1a3soluciones.com.*

Consejos prácticos

1. Muchas personas se inquietan ante la presencia de extraños en su casa. Trate de trabajar de manera efectiva, pero también rápida.
2. Sea limpio y cuidadoso con su alrededor. Cubra el suelo con periódicos para no mojarlo.
3. Use un buen enjuagador de goma que se ajuste a los distintos tamaños de ventanas; trapos o paños que pueda lavar y pantalones con bolsillos traseros para guardar los enjuagadores mientras se traslada a otra ventana.

En qué debe invertir

Liquido para lavar vajillas	$ 2
Esponja para limpiar vidrios	entre $ 5–$10
Enjuagador de goma (hay de 12, 14 y 18 pulgadas)	entre $3–$5
(Combinación de enjuagador y esponja)	entre $20 –$24
Balde	$5
Toalla de algodón	$2
Trapos (juego de 6)	$4
Hoja de afeitar (para sacar manchas)	$1

Escalera a partir de $35
Tarjetas de presentación (100) $100

Cuánto cobrar

Hay dos maneras distintas de cobrar:
* Según el tamaño de la casa y número de ventanas
  Entre $3.50 - $35.00. Lo normal es $7.00 interior/exterior
  ($3.50 cada lado por ventana)
* Por hora de trabajo
  Entre $15 y $25

Cómo promocionarse

Deje volantes y tarjetas de presentación en casas particulares, supermercados, negocios para el hogar y ferreterías. Una buena estrategia es ir de puerta en puerta ofreciendo sus servicios. También hay sitios Internet donde puede publicar un anuncio gratis como *www.window-cleaning.net.*

LIMPIAR TECHOS

Sólo cuando llega el otoño, la gente se acuerda del techo de su casa. Sin embargo, las tareas de mantenimiento de una azotea son múltiples y atraviesan todas las estaciones del año; éstas van desde la simple eliminación de hojas, nieve, basura, residuos naturales y manchas de humedad, renovación de vigas podridas, grietas, y deterioro del revestimiento o cobertura.

Las causas principales del deterioro de un techo están directamente relacionadas con el clima (lluvias y exceso de exposición al sol), así como con sus consecuencias (crecimiento de hongos y moho).

Se estima que el 80% de los techos están infectados por moho, especialmente en el Sur-este de los Estados Unidos (En Florida, es donde hay casos más conocidos). Las esporas de las plantas son llevadas por el viento de casa en casa, lo cual hace que todos los tejados o bóvedas de un mismo barrio se contaminen, viéndose a primera vista negros o verdes.

Las compañías profesionales de limpieza suelen cobrar bastante caro para combatir este tipo de infecciones, por lo cual, al igual que el mantenimiento de piscinas. Por lo tanto un limpiador independiente resulta muy conveniente. El único requisito para trabajar sobre techos es ser físicamente capaz de estar en alturas y no sufrir de vértigo.

Medidas de seguridad

Las labores en altura son las operaciones más peligrosas de la limpieza. Para trabajar en condiciones de seguridad, hace falta conocimiento, experiencia y un equipo especial. Antes de subir al techo, es preciso planificar un sistema seguro de trabajo ya que es necesario tomar precauciones para reducir el riesgo de caídas.

Los accidentes más comunes que sufren los trabajadores se deben a caídas desde el borde del techo, a través de aberturas, y por culpa de techados frágiles. No olvide que una simple caída puede provocar desde una fractura a un derrame cerebral e incluso la muerte.

Dada la delicadeza de este negocio es imperativo tomar un seguro de accidentes general que cubra tanto su seguridad y la de sus trabajadores, como la del techo, fácilmente estropeable si no se tiene cuidado. Consulte con un agente de seguros.

Puntos a considerar

No cualquiera puede o desea subirse a un techo, lo que explica el éxito que puede tener este negocio. Si no tiene mayor experiencia en materia de azoteas, ofrezca un servicio de limpieza simple, como por ejemplo sacar las hojas de las canaletas en otoño.

Ensayando exitosamente en su casa o en la de conocidos será capaz de desinfectar superficies plagadas de hongos y mohos o pequeñas plantas crecidas por culpa de la humedad.

El grado de complejidad de su labor lo va determinar, además, la calidad y edad del techo, así como su naturaleza (si es de metal, fibra, terracota, concreto, cemento, ladrillo, zinc o madera).

Lo primero que debe hacer, antes que nada es examinar la composición del techado, determinar cuál es su problema y resolver si es capaz de solucionarlo. No se aventure sin conocimiento de causa, ya que puede ser demandado por perjuicio de materiales por su cliente.

Aspectos generales

- Las labores básicas que puede ofrecer en un inicio son: barrer la suciedad del techo, enjuagarlo, y remover hojas y escombros de las canaletas.
- Una vez entrenado en el tratamiento de moho y hongos, visualice su negocio en este problema y procure encontrar un método económico y efectivo que lo haga popular entre un vecindario.
- El método anti-moho más común que utilizan por las compañías profesionales, es el de alta presión a partir de agua y aire. Aunque considerada eficaz, esta tecnología causa daños al tejado, por lo que es preferible, hacer un tratamiento manual. Para más informaciones y consejos consulte "Moho en mi casa: ¿Qué hago?" del Departamento de Servicios de Salud de California (*www.cal-iaq.org/moho9809.pdf*)

Consejos prácticos

1. Llevar zapatos con suela de goma que no resbalen.
2. Proteger manos con guantes de caucho o látex.
3. Subir en una escalera segura y firme.

4. Decir con franqueza si no es capaz de resolver un problema de limpieza para así evitar malentendidos y falsas expectativas con el cliente.

En qué debe invertir

Escobillón especial para techos	$10
Escalera	$35
Galón de cloro (*)	$7
Galón de producto multipropósito (*)	$10
Alcalina (optativo)	$10
Guantes de caucho o látex	$2
Trapo o paño (juego de 6)	$2.50
Tarjetas de presentación (100)	$100

*Debe calcular dos galones por 100 pies cuadrados.

Cuánto cobrar

Hay dos opciones distintas para cobrar:

- Por superficie:
  Limpieza básica $.10 centavos / pie cuadrado
  Limpieza especializada (tratamiento de moho) $.15 centavos/ pie cuadrado
- Por hora:
  Entre $20 y $30

Cómo promocionarse

Personalmente entregue los volantes en aquellos barrios donde vea techados sucios o deteriorados y explique la importancia de prevenir una plaga de moho.

Deje volantes y tarjetas de presentación en ferreterías, supermercados, y negocios para el hogar.

SACAR NIEVE

La nieve es un bonito espectáculo si se le contempla desde una ventana, pero puede convertirse en un problema al momento de salir a la calle. Todos alguna vez se han mojado los pies, han resbalado en el hielo y han visto las entradas de sus casas bloqueadas por montículos de nieve.

Las políticas gubernamentales sobre el desplazamiento de nieve varían de estado en estado y de ciudad en ciudad. Algunas municipalidades son tan severas que basta que caigan dos pulgadas de nieve para poner en marcha un plan de emergencia especial. Este plan obliga a cada dueño de casa limpiar por sí mismo su calle dentro las 12 horas que siguieron la nevizca, o pagar por un servicio especial de limpieza cuyo costo alcanza hasta $80.

Otras ciudades sin embargo, consideran que la calle es un espacio público y no es obligación de los particulares preocuparse de ninguna tarea de limpieza.

Sea cual sea la norma vigente, la mayoría de los particulares acostumbran remover la nieve acumulada al frente de su propia casa y muchos de ellos, ya sea porque carecen del tiempo para hacerlo o de aptitudes físicas necesarias, contratan a trabajadores independientes, mucho más económicos que las costosas compañías de traslado de nieve (*snow removal*).

Una estrategia para hacer un negocio rentable es atender un grupo de clientes de una misma cuadra. Es muy común que alguien alegue que su vecino no ha despejado la nieve que le correspondía sacar, produciéndose pleitos y a veces, demandas. Ofrecer un paquete atractivo que asegure por ejemplo, que todas las entradas de las casas de un vecindario sean despejadas, durante la jornada puede resultar muy atractivo.

Para esto deberá emplear a otros trabajadores y brindarles el

Seguro de Compensación (*Workers' Compensation*) en caso de que alguien se resbale y accidente.

Puntos a considerar

Sacar nieve es un trabajo simple pero laboroso. Requiere una buena resistencia al frío, una combinación de energía y paciencia, y no sufrir o haber sufrido de ataques cardíacos.

Aunque el uso de la tradicional pala es un método bastante afanoso, sigue siendo la técnica más usada al momento de despejar montos no muy grandes de nieve en veredas, ramales, sendas, patios, jardines y entradas de casas.

El tipo de pala es fundamental al momento de iniciar su trabajo. Para que la nieve no se pegue se recomienda que ésta sea de aluminio y revestida en teflón. También es conveniente que sea liviana y pequeña, a fin de evitar demasiado esfuerzo físico.

Para superficies más amplias se recomienda usar una máquina eléctrica (*snow blower*) que le ahorrará tiempo y energía. Aunque sea una inversión mayor, le permitirá proporcionar a más personas en un corto plazo.

Aspectos generales

- Desenterrar y extraer aquella nieve que impide una circulación normal.
- Juntar la nieve extraída en una misma esquina de la vereda, en un recodo del patio o en un ángulo de estacionamiento. Se recomienda revisar la legislación de su ciudad ya que en muchos casos, se prohíbe dejar la nieve en las veredas públicas lo que lleva a cobrar multas.
- Pegar sal de roca gruesa para nieve (*rock salt*) sobre el hielo a fin de que se derrita.

Consejos prácticos

1. Examinar la sección del "Tiempo" del noticiero local o el sitio internet *www.weather.com* para anticipar las nevizcas y ofrecer con anterioridad sus servicios a los clientes.
2. Vestirse adecuadamente con zapatos o botas con suelas de goma (evitan resbalar), una buena parca (chaquetón, o chamarra) que aísle el frío y guantes especiales de látex, forrados en piel por dentro.
3. Si su cuerpo se acalora, no se saque el abrigo porque puede resfriarse.
4. Descanse cada ciertos minutos para no sufrir fatigas.

En qué debe invertir

Pala de aluminio revestida en teflón	$17
Máquina eléctrica para remover nieve	entre $150 y $300
Guantes especiales fluorescentes	$5
10 kilos o 25 libras de Sal especial (Rock Salt)	$ 8
Tarjetas de presentación (100)	$100

Cuánto cobrar

Usted puede llegar a diversos acuerdos con su cliente, especialmente si va proponer un paquete de limpieza para toda la cuadra. Generalmente se cobra:

1 Entrada de casa	$30 (o más, dependiendo del tamaño)
1 Patios y estacionamientos	$50 (o más dependiendo del tamaño)

CAPÍTULO 4

CUIDADOR DE MASCOTAS Y PASEADOR DE PERROS

El viejo dicho que dice que el mejor amigo del hombre es el perro parece tener más vigencia que nunca. Se bromea que hoy en día, Nueva York está tan poblada de personas como de mascotas y que son éstas los ciudadanos número uno de la ciudad. Aunque para muchos hispanos parezca extraño, a los animales no sólo se los respeta y quiere, también se los mima como a verdaderos niños.

Según la Asociación Nacional de Mascotas, 33 millones de americanos viven con una mascota en sus casas e invierten miles de dólares en su cuidado; basta pensar que el 30% de ellos en algún momento, se ve obligado a contratar una persona de afuera para que los cuide (*Petsitting*).

El trabajo de cuidador de mascota está ganando cada vez más popularidad ya que son muchas los profesionales que se ven obligados a ausentarse de su casa ya sea por trabajo, viajes de negocios, o vacaciones y necesitan que alguien visite su mascota, preocupándose de alimentarlo y limpiarle las necesidades.

Otro trabajo bastante común, especialmente en las grandes ciudades, es ser paseador de perros (*dogwalker*). A diferencia del *pet sitting*, éste consiste en sacar a pasear el animal a la calle, solo o con otros perros, mientras su dueño se encuentra en su lugar del trabajo.

Por lo general el perfil de un cuidador de mascotas o de un paseador de perros es el de una persona con un horario flexible y una rutina que le permita entrar y salir de su casa sin problemas. Su único requisito por cierto, es amar los animales.

CUIDADOR DE MASCOTAS

Se han escrito innumerables manuales sobre la sicología de perros y gatos. Una de las conclusiones más sorprendentes es que los animales domésticos poseen una sensibilidad más desarrollada de lo que antiguamente se creía. Se ha descubierto, por ejemplo, que muchos de ellos, sufren de depresión.

Por esto, no basta limitarse a satisfacer las necesidades de los animales para ser un buen cuidador de mascotas. Al igual que con el cuidado de niños, es necesario tratarlos individualmente, intuir sus estados de ánimo y establecer una relación de afecto y de responsabilidad con él. No hay que olvidar que dejar el propio perro o gato con un extraño, es para muchas personas una prueba de confianza.

Muchos *pet sitting* se llevan a cabo en el lugar donde vive la mascota (ya sea perros y gatos, pero también pájaros, peces, conejos y roedores y toda clase de animales domésticos) por la simple razón que los animales tienden a rechazar los lugares extraños.

Sin embargo, en períodos más largos de vacaciones, ciertas personas se ven obligadas a dejar sus mascotas en centros de cuidados profesionales, y es aquí donde usted puede crear un negocio en su propia casa.

Sólo necesita tener un espacio amplio, capaz de acoger a varias mascotas a la vez. Una buena estrategia para ganar competitividad en el mercado, es ofrecer un cuidado las 24 horas del día y a último momento.

Puntos a considerar

Una vez contactado un cliente, lo primero que debe hacer es visitar su casa para conocer bien la mascota y hablar sobre los detalles de su cuidado: dónde, por ejemplo, se guarda la comida, cuáles son las proporciones de cada plato, los juguetes favoritos, etc.

Si el animal le acomoda (y viceversa) puede negociar las frecuencias de sus visitas y las tareas específicas que llevará a cabo.

Tal vez lo más complicado de cuidar un animal no es el trabajo en sí, sino los aspectos prácticos que éste requiere. Hay que acordar con precisión las horas de entrada y salida de la casa (en caso de viaje, las fechas exactas de cuándo su cliente saldrá de la ciudad y cuándo regresará), la administración de las llaves (si tendrá una copia de éstas o se las dará un tercero) cómo reaccionar ante cualquier imprevisto o emergencia, ya que estar en una casa ajena siempre conlleva un riesgo.

El diálogo es fundamental en este tipo de negocio. Hablar, preguntar, y aclarar dudas, evita malentendidos. Al igual que con el cuidado de niños, muchas personas firman un contrato informal de confianza.

Sin embargo, dado que muchas veces el cuidador de mascotas tiene acceso a las casas de sus clientes durante su ausencia, es recomendable que éste suscriba un contrato de protección (llamado *bond*) que garantiza el compromiso de una parte hacia la otra, evitando demandas. Esto tiene la función de tranquilizar el cliente ante la eventualidad de robos ya que asegura el reembolso de sus posibles pérdidas materiales.

Por otra parte, si las mascotas se quedarán en su casa junto a otros animales es fundamental tomar un seguro de responsabilidad general (*General Liability insurance*) que cubre la custodia y control del animal en caso de que accidente algunos de sus empleados u a otra mascota.

Para informacion sobre otros seguros consulte un agente de seguros que le recomiende un plan económico.

¡ATENCIÓN! Si desea entrenarse a cabalidad como *pet sitter* profesional o desea fundar un centro de cuidados de mascotas—que es a lo que su negocio debería aspirar—contáctase con la Asociación Nacional de *Pet sitter* Profesionales (NAPPS), una organización no gubernamental que brinda apoyo legal y educacional en esta materia. El costo de un certificado de estudios es de $125, lo cual incluye descuentos en los seguros requeridos y el acceso a una red de potenciales clientes. Para más informaciones llame al 1-856 439-0324 o visite el sitio de Internet www. petsitters.org.

Aspectos generales

- Si el cuidado es en la casa del cliente, se visita la mascota entre 20 y 30 minutos, una o dos veces al día, según lo acordado con su dueño.
- Preocuparse de alimentar la mascota, llenando su plato de comida y agua.
- Limpiar sus necesidades.
- Jugar o hacerle compañía a la mascota.

Consejos prácticos

1. Si no tiene experiencia con animales, entrénese cuidando mascotas de amigos o familiares.
2. Escribir la historia detallada del animal doméstico es útil para no alarmarse en vano y terminar haciendo viajes innecesarios al veterinario.
3. En caso de emergencia, tenga a mano los teléfonos del cliente y del veterinario de la mascota.
4. Defina con el cliente quién es responsable del honorario del veterinario si tal ayuda llega a ser necesaria durante su ausencia.
5. Si en una de sus visitas ve algo anormal en la casa, llame al 911.

6. Contar con una persona (amigo o conocido) que pueda visitar el animal si usted está enfermo o tiene un imprevisto.
7. Saber con claridad, quienes además de usted, entrarán a la casa para que no se generen confusiones.

En qué debe invertir

Aunque proveer la alimentación de la mascota es responsabilidad de su dueño, algunos olvidan dejar suficiente alimento, por lo cual se recomienda tener provisiones adicionales de comida seca especial para animales. Su calidad está relacionada con su precio y se puede comprar en cualquier supermercado o negocios de mascotas.

Bolsa de comida de 20lb (para perros)	aprox. $ 10
Bolsa de comida de 18lb (para gatos)	aprox. $ 10
Tarjetas de presentación (100)	$100

Cuánto cobrar

Dependiendo del tipo de cuidado que haga, puede cobrar por:

1. Visita entre 20 y 30 minutos $12–$15 (gatos, perros)
   $15 (pájaros, peces, conejos, etc)
2. Noche en casa de la mascota: $50–$70
3. Cuidado de mascota en su casa $10–12 el día (gato)
   $15–$20 el día (perro)

Si tiene un cliente estable puede negociar un precio semanal o mensual.

Cómo promocionarse

El dato de boca en boca es la mejor publicidad que puede tener ya que si el cliente está satisfecho con su trabajo, lo recomendará a amigos, vecinos, y/o conocidos.

Deje volantes y tarjetas de presentación en clínicas veterinarias y negocios de mascotas.

PASEADOR DE PERROS

Las ventajas de pasear perros son múltiples, tanto para el perro, como para su dueño y para su paseador.

Primero, porque el perro es un animal nómada, necesita actividades que le consuman energía. Al salir a la calle, deja de hacer daño dentro de la casa, mejora su salud física y psíquica y aprende además, a hacer sus necesidades a una determinada hora.

Segundo, una vez finalizada la jornada laboral, su dueño no está obligado a salir con la mascota (especialmente en los días fríos de invierno), y no se siente culpable por haberlo dejado encerrado todo el día.

Tercero, el paseador de perros tiene la ventaja de trabajar al aire libre y de hacer ejercicio mientras camina con los animales. Tal como ocurre cuidando niños, más que trabajando siente estar haciendo algo que le gusta, sin olvidar sin embargo, que su principal responsabilidad es justamente ser responsable.

Puntos a considerar

Los paseos duran entre media hora y una hora, y pueden ser individuales o grupales. Sin embargo, para que este negocio valga la pena lo óptimo es organizar salidas en grupo.

Proponerle esta idea a varios dueños de mascotas de un mismo barrio puede resultar muy atractivo ya que a muchos de ellos les va agradar que sus perros socialicen entre ellos.

Los paseos grupales tienen asimismo una gran ventaja para usted ya que concentrará sus horas de trabajo y optimizará sus ganancias. Dependiendo de la demanda, se puede estar a cargo hasta de 8 perros, aunque se recomienda empezar con cuatro (dos en cada mano) e ir ganando experiencia con el tiempo.

Armar un grupo de salidas requiere antes que nada, entrevistarse personalmente con los dueños y sus perros, a fin de conocer sus características. Luego de evaluar la mascota, se determina cuál es el grupo de paseo conveniente para él. Una vez acordado quienes serán sus pares, se fija una fecha y una hora de inicio del paseo, que se mantendrá lo más fija posible, para acostumbrar el perro a esa rutina y de este modo, no estará molesto los días en que no sale de su casa.

Igual que con el cuidado de mascotas a domicilio, hay que resolver cómo se manejará la entrada a la casa y el uso de las llaves.

En cuanto a los seguros, es imperativo tomar un seguro de responsabilidad general (*General Liability insurence*) que lo proteger de demandas en el caso de que el perro se le arranque de las manos y hiera a otra persona.

Aspectos generales

1. Ir a buscar el perro a su casa.
2. Llevar el perro (solo o acompañado) a algún parque cercano, con un área especializada para mascotas.
3. Jugar y entrenar el o los perros.
4. Recoger sus excrementos de la vía pública con una bolsita plástica (a fin de evitar multas).
5. Para los paseos grupales se debe organizar la salida de manera que todos los perros caminen la misma cantidad de tiempo. El primer perro que se pasa a buscar es el primero en llegar a su casa.
6. Dejar el perro en su casa y darle de comer.

Consejos prácticos

1. Llevar ropa cómoda y casual, que no importe ensuciar.
2. Asegurarse de que todos los perros del grupo estén desparasitados, vacunados y limpios (para evitar transmisión de pulgas o parásitos).
3. Demostrar autoridad para que los perros aprendan que si se pelean entre sí no pasean
4. Tener la llave de una casa ajena es un riesgo: es importante no pederla ni entregársela a nadie y poseer una segunda copia en caso de emergencia.
5. Anotar los teléfonos celular y del trabajo de los dueños, así como los del veterinario de cada animal.

En qué debe invertir

Para sacar a pasear un grupo de perros deberá tener un correaje especial (*dog handle*) que permite amarrar las correas de cada mascota. $5

Cuánto cobrar

Se puede llegar a un acuerdo semanal o mensual, de lo contrario se suele cobrar:

½ hora	$12–15 (por perro)
1 hora	$20–22 (por perro)

Si se agrega un perro que vive en la misma casa se cobra:

½ hora	($3 por perro)
1 hora	($5 por perro)

Cómo promocionarse

La publicidad más efectiva usada por los paseadores de perros es pegar volantes en el barrio donde se espera armar un grupo de paseo. Vea si la legislación de su ciudad permite usar la vía pública para tales fines.

También puede dejar su tarjeta de presentación en clínicas veterinarias, supermercados, y locales especializados en mascotas.

Ejemplos de Anuncios

1. Paseador de perros se ofrece para caminatas de 45 minutos durante la semana entre las 11 de la mañana y las 2 de la tarde.

2. Cuido todo tipo de mascotas domésticas, dándole comida y limpiando sus necesidades hasta dos veces al día.

3. ¿Parte de vacaciones sin su mascota? Déjela en mi casa, yo se la cuido por el tiempo que quiera (una noche, una semana, un mes). Precio razonable.

CAPÍTULO 5

JARDINERO Y DISEÑADOR DE JARDINES

En el mundo de hoy, trabajar con la tierra puede considerarse un privilegio. Según la Organización Mundial de la Salud, el cuidado del jardín tiene efectos positivos sobre la salud: disminuye la presión arterial, relaja los músculos, elimina calorías, y mejora el funcionamiento del corazón. Como si esto fuera poco, cumple una función "terapéutica" ya que reduce el estrés (no en vano, es habitual en la rehabilitación de pacientes con problemas de adicción a drogas y alcohol) y estimula la concentración.

En los Estados Unidos, la "jardínmanía" ha creado una verdadera industria con miles de dólares invertidos en semillas, flores, arbustos, árboles, catálogos de diseños, publicaciones especializadas, etc.

Muchas personas se dedican a la jardinería por *hobby* (es decir, por gusto) especialmente los fines de semana, en períodos de vacaciones, o una vez jubilados. Sin embargo, muchas veces la falta de tiempo y los bruscos cambios de clima que golpean ciertos estados durante las distintas estaciones del año obliga a solicitar una ayuda de jardinería especializada.

Si se aman las plantas y se tiene un especial interés en la flora, trabajar como jardinero puede ser un verdadero agrado. Basta pensar que es una de los pocas actividades manuales que benefician al mismo trabajador tanto física como psicológicamente.

Puntos a considerar

La jardinería es un campo variado y sus niveles de elaboración dependen de lo que usted decida ofrecer. En general, un jardinero debe ser capaz de mantener un jardín, renovar una plantación muerta y plantar nuevas semillas. Si no tiene mayor experiencia, una manera simple de empezar es cortando el césped, ya que no exige mayor especialidad y siempre tiene demanda, especialmente en barrios residenciales.

Ofrecer cortar el césped de casa en casa es una buena estrategia para conectarse con potenciales clientes que luego le pedirán hacer otros servicios de jardinería, tales como preservar plantas, desmalezar y eliminar plagas.

Dado que la jardinería es un gusto que se toma en la marcha, es probable que si realiza bien su trabajo, esos mismos clientes le pidan consejos sobre por ejemplo cómo embellecer su jardín o qué tipo de cultivos hacer, para lo cual es necesario estar preparado y conocer las últimas tendencias en plantaciones.

Una de las cualidades de este trabajo es que es autodidacta y basta estar interesado para aprender. Si es principiante y le interesa profundizar en el tema de la jardinería, es cosa de preguntar y aclarar dudas en las tiendas especializadas de plantas, o consultar libros y manuales didácticos en la biblioteca pública de su barrio.

También hay sitios en español en la Web que le ahorran pagar un curso, tales como *www.infojardin.com*, *www.sobrejardineria.com*, *www.zonaverde.com*

Aspectos generales

Sobre el mantenimiento del jardín

1. Limpiar el jardín de residuos naturales tales como hojas, excrementos de animales y de residuos artificiales.
2. Cortar el césped con una máquina manual, eléctrica, o a motor.
3. Regar césped y plantas.
4. Podar y desmalezar.
5. Usar abonos y fertilizantes como estiércol, guano, gallinaza, palomina o fertilizantes minerales convencionales.
6. Saber solucionar problemas de plagas, infecciones y de hortocultivo.

Sobre la plantación

1. Antes de sembrar es necesario observar el lugar y estudiar el microclima del jardín, las condiciones del terreno y de los muros; cuáles son los rincones cálidos y frescos; la exposición del viento, y el recorrido de la sombra a lo largo del día.
2. Analizar la luz que cae sobre el jardín ya que algunas plantas necesitan una exposición total al sol, mientras que otras requieren un lugar sombreado.
3. Zonificar el jardín, designando aquellas áreas para los arbustos, flores, enredaderas, cubresuelos, etc.

Consejos prácticos

1. Si el césped es muy grande se recomienda usar un cortacésped eléctrico para no cansarse demasiado.
2. Antes de sembrar, es recomendable consultar con el cliente qué plantas prefiere y si sufre de ciertas alergias.

3. Anote en una agenda o cuaderno todas las modificaciones que haga al jardín, a fin de saber qué pasos a seguir durante el nuevo día de trabajo.

4. Tener un manual con los nombres científicos de las plantas. En todo el mundo se usan la misma nomenclatura, ya sea en México, Chile, Puerto Rico y Estados Unidos.

5. Empezar sembrando plantas fáciles que no requieran cuidado especializado ni mayores dificultades técnicas.

6. Usar guantes para proteger las manos. Muchas guías de jardinería recomiendan los de látex, tipo quirúrgico.

7. En verano es necesario protegerse la piel de los rayos ultravioletas del sol. Es mejor trabajar en el jardín por la mañana temprano o al atardecer, beber mucha agua, usar ropa clara y ligera, crema protectora y sombrero.

En qué debe invertir

A menos que su cliente las facilite, debe estar equipado de las herramientas fundamentales de jardinería. Elija siempre marcas de calidad y con un buen servicio postventa. Como dice el dicho "lo barato cuesta caro", aunque en ferias de las pulgas o liquidaciones particulares (*garage sales*), se encuentran de segunda mano, o usadas.

Cortacésped manual (para jardines pequeños)	$ 80
Cortacésped eléctrico (para jardines extensos)	entre $ 180 y $300
Guantes	$ 4
Pala	$ 10
Picota	$ 7
Escobilla	$ 20
Rastrillo entre	$ 7 y $15
Tijera de podar	$ 20
Fertilizante (para 1.000sq f)	$ 10
Regadera automática (optativo)	$10

Cómo promocionarse

Deje tarjetas de presentación con sus datos, en un mismo vecindario, al comienzo de cada estación del año. Reparta volantes en florerías, negocios de plantas y supermercados.

Fomente el dato de boca en boca entre conocidos suyos y ellos lo pueden recomendar.

Cuánto cobrar

La gran ventaja de la jardinería consiste en que se adapta a todos los presupuestos. Cada gasto adicional se cobra aparte.

Hay diversas modalidades para cobrar, dependiendo de lo que le pida el cliente, del trabajo que usted haga, de la frecuencia de sus visitas, y del tamaño del jardín. En general se calcula:

1. Por hora: $15-20 la hora (si se trata de una simple labor de mantenimiento, como cortar el césped)
2. Por jornada laboral: entre $100-$150 (si se trata de plantar y renovar el jardín)

DISEÑADOR DE JARDINES

En los últimos años el diseño de jardines ha experimentado un verdadero auge, a través de innumerables publicaciones especializadas de diseño y arquitectura de paisajes. Muchos jardineros han expandido su negocio especializándose en la creación de jardines, lo que los ha llevado a profundizar sus conocimientos en diseño, horticultura y construcción.

Aunque existen diferentes modelos de jardines (ej: mediterráneo o japonés), la tendencia moderna es optar por una concepción autóctona y libre, en el que se reproduce o se integra el paisaje al entorno natural. Esta elección presenta ventajas indudables como la fácil adaptación de las especies vegetales, la disminución del mantenimiento del jardín en el futuro, y la armonía con el ecosistema de la zona.

Experiencia práctica, buen gusto y sensibilidad estética son los únicos requisitos para aventurarse en la jardinería ornamental. Aunque también es primordial tener una habilidad para el mercadeo, una red de conexiones y una base de clientela estable.

Puntos a considerar

Muchas personas consideran que el diseño ornamental de jardines es la verdadera proyección de la jardinería. La mayoría de los diseñadores de jardines, de hecho empiezan su negocio cortando césped. Si ese es su objetivo, lo primero que debe hacer es convencer a su cliente para que renueve ciertos aspectos de su jardín. Esto le permitirá ir ganando experiencia y seguridad en sí mismo.

El diseño de jardines es un trabajo exigente y desafiante y a menudo significa consagrar tiempo adicional elaborando planos de diseños, listas de plantas y localizando proveedores de semillas y plantas. Para mantenerse actualizado en las tendencias cambiantes, el uso de plantas y materiales, se requiere además, una investigación constante.

Tambien es posible que tenga que emplear otros jardineros, dependiendo de la magnitud de cada proyecto, lo cual por un lado, le permitirá dedicarse únicamente a la dirección del diseño del jardín, pero por otro, le demandará más responsabilidades. Recuerde que al emplear un trabajador debe tener el seguro de Compensación (*Worker's Compensation*), que le evita tener demandas en caso de lesión o muerte de éste.

Lo mejor es hacer jardines simples que no le requieran tener más de dos personas bajo su cargo y que sean adaptables a presupuestos razonables. Debe considerar, además que todo cálculo inicial cambia en el camino ya que el jardín es algo vivo que se hace paulatinamente y los clientes suelen hacer modificaciones de último minuto.

No es un capricho que en la jardinería moderna haya surgido el concepto de "jardín de bajo mantenimiento", que trata de bajar al mínimo los costos de tiempo e inversión de dinero del cliente, adaptando el proyecto a las características bioclimáticas de la zona y al estilo de vida de su dueño. De esto dependerá, la elección del tipo de césped, de árboles y arbustos y del sistema de riego.

Aspectos generales

1. Investigar las características del entorno del jardín.
2. Definir un estilo.
3. Ordenar y distribuir los espacios.
4. Elegir plantas y semillas.
5. Dirigir y concretar las fases de construcción del jardín.

Consejos prácticos

1. Tener una idea original no garantiza que usted pueda llevarla a la práctica. Sea realista.
2. Los estilos son bonitos o feos en función de los gustos subjetivos de cada uno. Pero todo es posible y lo importante es permanecer fiel a los criterios elegidos.
3. La distribución de las diferentes zonas del jardín debe responder básicamente a las necesidades del cliente, a sus costumbres y estilo de vida.
4. Es bueno conversar constantemente con el cliente, aclarar dudas, y proponer soluciones prácticas en conjunto.

En qué debe invertir

La inversión inicial incluirá todo lo que recomendamos para un jardinero, más:

Cuaderno (para dibujar proyecto) $ 5
Lapiz grafito $0.50
Tarjetas de presentación (500) $100
Cámara de fotos   entre $ 100 y 300 aprox

Cuánto cobrar

La escala de tarifas depende del presupuesto, y varían en función de las características del diseño del jardín. En general, un diseñador de jardines recibe entre $30–45 la hora y el doble si tiene diploma.

Cómo promocionarse

Los métodos para darse a conocer son los mismos expuestos en la sección anterior.

La mejor manera de promocionarse es diseñar al menos un proyecto de jardín. Realizar una obra es la mejor carta de presentación de un diseñador de jardines. Saque fotos al jardín antes y después de su trabajo, para destacar los resultados de su trabajo.

Los familiares, amigos, y vecinos de su cliente que vean su jardín van a querer saber sus datos.

CAPÍTULO 6

PINTOR(A) DE INTERIORES

El florecimiento de nuevas construcciones y el interés de la gente por redecorar sus casas, sitúa a los pintores de interiores en un lugar sobresaliente entre la mano de obra laboral.

Las nuevas generaciones de americanos se han vuelto cada vez más exigentes al momento de elegir un lugar donde vivir y hoy muchas empresas de construcción invierten dinero adicional en las terminaciones de sus obras, (se trate de pintura o papel mural). Al mismo tiempo, durante la última década, la decoración se ha popularizado en todos los estratos de la sociedad, dejando de ser únicamente un *gusto* de los más adinerados.

Aunque pintar murallas es un trabajo tradicionalmente asociado a la mano de obra masculina, las mujeres se han insertado fácil y exitosamente en este rubro.

Ciertos clientes consideran que son más limpias, ordenadas y que tienen una sensibilidad natural hacia la decoración. Por otra parte un gran número de empleadores mujeres, prefiere tratar con personas de su mismo sexo en su propia casa porque se sienten más cómodas.

49

Lo cierto es que, cualquiera con buen estado físico, y habilidades manuales, puede dedicarse a la pintura de interiores y crear a futuro una propia empresa de pintura decorativa. Especializarse, en tratados y barnices de madera, marmolado, pátinas sobre paredes, pintura sobre vidrios y azulejos, y empapelado le traerá más clientes.

Puntos a considerar

Pintar es una tarea sencilla, pero para obtener buenos resultados, conviene tener en cuenta diferentes factores, tales como la calidad de la superficie que se va tratar, y sus metros cuadrados (o pies).

La mayoría de los pintores de casas particulares tienden a pintar las paredes blancas, pero si quiere diferenciarse de sus competidores ofrezca colores y terminaciones distintas y sea capaz de convencer que vale la pena pagar por originalidad.

La industria química ha desarrollado pinturas que facilitan el trabajo, con una variada gama de colores, un buen poder cubritivo y de duración. Cada pintura tiene sus cualidades, usos y características y se agrupan en diversos tipos: látex, óleo y esmalte.

Equivocarse de pintura es el primer error que puede cometer a la hora de iniciar su trabajo. El otro, y muy común, es no preparar adecuadamente la superficie antes de pintarla, ya que muchas veces ésta necesita ser limpiada, desengrasada o lijada.

Una vez escogida la clase de pintura (a base de agua o aceite), hay que plantearse cuanto se necesita para cubrir toda la superficie que se desea pintar.

Calcule los metros cuadrados (o pies) de la superficie, multiplicando el alto por el ancho de cada pared más el techo y descontando los huecos de ventanas y puertas.

Ejemplo

Techo: 5 x 4 = 20m2
Paredes laterales: 5 x 3 x 2 paredes = 30m2
Paredes frontales: 4 x 3 x 2 paredes = 24m2
Total = 74m2

Luego de medir los metros cuadrados (o pies cuadrados), calcule los litros (galones) de pintura que necesita. Hoy en día, todos los envases indican la superficie exacta que cubre un recipiente, lo que permite calcular las medidas para cada habitación. También especifican el tiempo de espera entre una mano de pintura y otra. Es muy importante cumplir las indicaciones para obtener buenos resultados.

Si las matemáticas no son su fuerte, busque asesoría en algún conocido, o si prefiere, delegue esta tarea a uno de sus empleados. Un equipo de tres personas puede ser suficiente al momento de ejecutar un proyecto de mediana envergadura. Normalmente a los pintores se les paga entre $10-$20 la hora, y es usted quien debe calcular en cuanta mano de obra invertir, dependiendo del tamaño y de la dificultad de cada trabajo.

Recuerde que en su calidad de empleador está obligado a tener el Seguro de Compensación (*Worker's Compensation*) que compensará a sus trabajadores en caso de accidente o muerte, sea de que quien sea la culpa.

Aspectos generales

Antes de pintar

1. Preocuparse que la superficie esté limpia de grasa, óxidos, polvo, restos de pintura.
2. Tapar fisuras y grietas. Si es necesario, lijar la muralla previamente.

Al pintar

1. Pintar, en primer lugar, las superficies más grandes, y después las más pequeñas.
2. Repasar de arriba hacia abajo para un acabado perfecto. Dejar secar completamente por un par de horas entre mano y mano.

Consejos prácticos

Sobre la limpieza

Al trabajar en la casa de un cliente, es importante ser muy respetuoso con su entorno. Uno de los accidentes más graves que puede cometer es ensuciar con pintura algún mueble, objeto o tapiz. Esto le puede traer demandas, por lo cual se recomienda tener un seguro de responsabilidad general (*General liability insurance*) que cubre accidentes materiales a la propiedad de terceros. Para mayor información hable con un agente de seguros.

De todos modos evite cualquier litigio, siendo limpio y ordenado. Pasos a seguir:

1. Preparar la habitación que se va pintar. Cubrir el suelo con papeles o cartones y proteger con tela de lona los muebles.
2. Desconectar la corriente eléctrica en la zona de salida de cables.
3. Dejar los utensilios ya usados en un lugar por el cual nadie circule.

Sobre el olor

El problema del olor a pintura es uno de los principales factores a considerar para elegir cuándo y con qué pintar un espacio interior. Puede ser crucial al momento de evaluar su trabajo. Se recomienda:

1. Pintar cuando exista el menor movimiento en la casa, especialmente si hay niños.
2. Explicarle a su cliente la naturaleza de las pinturas que está usando, cuanto tiempo demoran en secar y su toxicidad.
3. Si cierta clase de pintura le produce excesivos dolores de cabeza cámbiela por otra menos tóxica.

En qué debe invertir

Juego de tres brochas $7
Rodillo (con palo largo) $6
Pinceles $2
Espátula $3
Papel de lijar '100' de varios granos (para eliminar restos de
    oxido así como pequeñas imperfecciones de las paredes) $4
Removededor de pintura $14
Balde $1.50
Bandeja para rodillo $1

¡ATENCIÓN!: Compruebe que la pintura comprada tenga una garantía. En caso de que venga defectuosa puede cambiarla.

Cuánto cobrar

Los dos criterios para fijar el precio de una labor de pintura son: por número de pies cuadrados a pintar y por habitación. Dado que la calidad de la pintura y la dificultad del proyecto pueden encarecer el trabajo, es conveniente entregar un presupuesto, después de una estimación.

1. Ejemplo de cobro por pie cuadrado:
   Murallas y techo de 1 color $1.00 x pie cuadrado
   (incluye trabajo y materiales)

2. Ejemplo estándar de cobro por habitación:
   Cada habitación $100

Estos precios no incluyen pintura, empapelado u otros productos que se utilicen para crear una decoración especial.

Cómo promocionarse

Deje volantes en locales comerciales de utensilios para la casa, ferreterías, y supermercados. Entregue tarjetas de presentación a empresas y locales comerciales.

Una vez que tenga un cliente, sugiérale que le promocione de boca en boca entre sus amigos y familiares.

Si tiene una cámara fotográfica, saque fotos a sus trabajos antes y después de su intervención. Futuros clientes podrán apreciar con mayor afinidad su trabajo.

CAPÍTULO 7

COSTURERA O SASTRE

Hoy en día el oficio de coser ha vuelto a tener protagonismo. El mercado de la vestimenta ha sufrido un alza de precios, por lo que se ha convertido en una alternativa para ahorrar dinero, diferenciándose además, de la moda estandarizada por las grandes marcas.

La mayoría de las mujeres hispanas aprendieron a coser de generación en generación y nunca tuvieron la necesidad de seguir un curso. En Latinoamérica no sólo coser, sino también tejer y bordar artesanalmente son actividades populares, cuyo potencial económico puede ser muy bien aprovechado.

En el momento de crear un propio negocio cambio, la mano de obra que hay detrás de las tareas de costura es muy valorada, y para muchos, sobre valorada. Ciertos precios pueden parecer completamente inflados, pero lo cierto es que tener una costurera o un sastre es casi un lujo.

Cualquiera que sepa qué hacer con una aguja entre las manos, tiene una gran herramienta de trabajo que le permitirá trabajar de forma independiente armando un negocio desde su propia casa.

Si no es experto (a) en costura, nunca es tarde para aprender o perfeccionarse por cuenta propia, gracias a la ayuda de libros que puede consultar en su biblioteca pública o pidiéndole consejos a un conocido.

Hay sitios en la web en español que le pueden ayudar, como *www.costuraybordado.com.*

Puntos a considerar

Las labores de costura son variadas y tienen distintos niveles de complejidad.

Una buena costurera o un buen sastre, debe ser capaz de ofrecer una gama variada de trabajos, realizando desde lo más simple—como terminaciones, bastas y bordados—, a creaciones de moldes propios de vestidos. Dentro de la confección de ropa, la de niños es altamente demandada, así como la fabricación de accesorios tales como carteras, bufandas, y gorros. Las cosas de casa, ya sea cortinajes, manteles, cubrecama también tienen mucha acogida entre los clientes que buscan diseños originales y a un precio razonable.

Lo primero que necesita para poner en marcha su negocio es una máquina de coser.

Las máquinas de coser de hoy día son completamente diferentes a las de las generaciones anteriores y la facilidad de su uso está atrayendo muchas personas a iniciarse en la costura. Es recomendable, que ésta hebre automáticamente, que tenga múltiples funciones de puntada y un ojal de un solo paso.

En un inicio, sin embargo, lo más importante es encontrar una máquina que le acomode y que sepa la utilizar a cabalidad. Luego, dependiendo del éxito de su negocio, puede renovarla por otra.

Lo segundo que deberá evaluar es si puede coser cómodamente desde su casa. Cuando se trabaja en el mismo lugar en el cual se vive es fundamental tene ambientes separadas. Para organizarse adecuadamente, habilite una pieza o un cuarto y conviértalo exclusivamente en taller de costura.

Muchos modistos que se han ganado un nombre, han empezado trabajando desde su casa.

Una vez solucionado el problema espacial, vea si necesitará un ayudante. Es importante, sobre todo cuando está captando los primeros clientes, ser puntual, y trabajar rápido, ya que a las personas no les gusta esperar demasiado tiempo por un arreglo y valoran los plazos cortos. Por ello, es mejor invertir en mano de obra adicional que tener trabajos atrasados y desvelarse por las noches.

Si emplea una o más personas, procure tener el seguro de Compensación Laboral (*Worker's Compensation*) que beneficiará a su empleado en caso de accidente. Recuerde que manipular tijeras y herramientas punzantes, conllevan cierto riesgo.

Aspectos generales

Tares básicas

1. Tomar medidas.
2. Marcar, cortar, coser y hacer terminaciones (bastas) a mano o usando la máquina.
3 Poner cierres, y coser botones.
4 Saber los puntos necesarios para unir tejidos.
5 Hacer distintos trabajos de bordado con la máquina.

Tareas avanzadas

1. Confeccionar prendas de vestir de acuerdo a patrones pilotos.
2. Crear una colección propia.
3. Confeccionar accesorios y cosas para la casa.

Consejos prácticos

1. Antes de empezar a trabajar para clientes, pruebe sus habilidades y ensaye hasta que se sienta seguro de su labor.
2. Practique las primeras prendas con telas que ya tenga, o ropa usada de sus familiares o amigos.
3. Descoser ropa vieja y rearmarla es un buen método que permite observar como está hecha la prenda.
4. Nunca bote lo que sobra de tela, ya que siempre se puede aprovechar para otra ocasión.
5. Es fundamental hilvanar y probar muchas veces hasta coser definitivamente.

6. Es recomendable mostrarse confiado en lo que va hacer, pero diga si alguna tarea específica es muy difícil o simplemente no sabe llevarla a cabo. El cliente se siente más cómodo cuando sabe que uno está siendo honesto.
7. Tenga listos modelos de trabajos que haya hecho, para entusiasmar al cliente a hacer un pedido.

En qué debe invertir

Para seruna coslurera y lun sas le profesional, se dese estar bien equipado.

En su costurero, es indispensable contar con unas buenas tijeras, una cinta métrica (*o guincha de medir*), un juego de agujas, hilos, un lápiz, un dedal y lo más importante, una máquina de coser. Es necesario también tener una buena mesa y una iluminación adecuada para trabajar.

Juego de tijeras de distintos tamaños y puntas	$30
Cinta métrica	$3.00
Agujas surtidas de mano	$10.00
Agujas surtidas para máquina	$13.00
Juego de hilos	$16.00
Lápiz marcador	$3.00
Alfileres de acero	$2.00
Dedal	$ 3.00
Máquina de coser	entre $ 100–$300

Algunas opciones disponibles en el mercado son:
1. Singer modelo 2662 $180
2. Brother ULT-2002D, $200
3. Brother PS-1250, de $300

Nota sobre la máquina de coser: Su rango de precios fluctúa desde los $100 a más de $1.000, dependiendo si es mecánica o computarizada. Comprar el último modelo requiere estar familiarizado con la tecnología. Hoy en día, la máquina doméstica más moderna de pespuntear está controlada por circuitos de microprocesadores programados por botones sensibles al tacto. Puede coser en zigzag o hacia atrás; hacer ojales y coser botones; zurcir, bordar y realizar calados.

Los modelos mecánicos en cambio, proveen funciones básicas como remiendos, ruedos y proyectos simples de vestimenta.

Para crearse una idea de las ofertas y comparar precios, se recomienda:

- Inspeccionar los negocios de utensilios domésticos de su ciudad.
- Revisar avisos clasificados de su comunidad y sitios internet especializados en ventas de máquinas de coser descontadas, como *www.ebay.com*, y *www.walmart.com* y *www.dealtime.com*.
- Ir a ferias y liquidaciones particulares (*garage sale*).

Cuánto cobrar

El precio de su trabajo dependerá de su dificultad. Mientras más elaborado, más caro.

En general por una basta se cobra de $5 a $6.
Por otros arreglos más elaborados, entre $15 y $40.

Si el cliente está en apuros y quiere su pedido lo antes posible, puede cargar un 25% adicional.

Cómo promocionarse

Deje volantes en tintorerías, peluquerías y barberos. Entregue tarjetas de presentación con sus datos en casas particulares, iglesias y centros comunitarios.

Recuerde que la mejor publicidad es la que corre de boca en boca, por lo cual foméntela entre sus clientes.

CAPÍTULO 8

VENDEDOR INDEPENDIENTE

Los americanos no tienen ningún pudor en confesar su consumismo. Son ellos, mal que mal, los que inventaron los conceptos de shopping *on line* en internet, las compras por teléfono, y los avisos televisivos "llame ahora".

A pesar de la incursión de las nuevas tecnologías y comunicaciones en los sistemas de *telemarketing*, la vieja práctica de la venta puerta a puerta sigue siendo bastante popular. Su éxito se debe a que por una parte, muchas personas no tienen tiempo para visitar negocios tradicionales y por otra, a que no están acostumbrados a usar el computador para comprar.

De acuerdo a la Asociación de Venta Directa, la mitad de los americanos compran productos a vendedores independientes que contactan un grupo de consumidores personalmente, cara a cara, ya sea en sus hogares, en hogares de otros, o en sus lugares de trabajo.

En cuanto vendedor independiente usted puede ofrecer precios atractivos para el consumidor ya que usted es el único intermediario entre el fabricante y el cliente. Por ejemplo si una joya de fantasía cuesta $30 dólares en cualquier negocio, usted la puede vender a

$15, ya que la puede adquirir al por mayor por una suma hasta 10 veces menor que su precio.

Para que este negocio sea rentable, se requiere tener un mínimo de conocimiento de contabilidad, por lo cual se sugiere hablar con un contador. También es necesario obtener una licencia como vendedor, cuyo precio varía de estado en estado.

Puntos a considerar

Qué vender: Lo primero que debe hacer es decidir qué productos comercializará su negocio, si por ejemplo se centrará en líneas de cosméticos, cremas, ropa interior, joyería de fantasía, accesorios (como carteras y cinturones), libros, electrodomésticos, juguetes, etc.

Es recomendable vender lo que a uno le gusta, para sentirse estimulado en el proceso, muchas veces esforzado y lento, de toda venta. Debe asimismo, saber dar toda la información que concierne el producto de una manera simple, sintética y seductora.

Estudiar el mercado: Es importante analizar a quiénes y cómo va a vender su producto, quienes serán sus clientes potenciales y cuales son sus hábitos, los lugares en los que se encuentra y sus posibilidades económicas de consumo. También se debe investigar que zonas geográficas, son mejores que otras y las formas de pago que existent.

Estrategia de comercialización: Se recomienda estudiar cuál será la estrategia para llegar a los consumidores; qué medios utilizará para dar a conocer el producto, si hará promociones, regalos, entregas a domicilio, envíos personalizados, ventas al por mayor, descuentos especiales, etc.

Una vez que defina su especialidad y compruebe su positiva llegada entre amigos o conocidos, tendrá que buscar los mejores proveedores de su área.

Para tener éxito en este negocio es indispensable forjar una sólida red de base tanto de proveedores de productos como de clientes. Si tiene éxito con un determinado cliente, y lo vuelve a llamar para otras ocasiones, forjará una relación estable con él, lo que le permitirá recuperar fácilmente lo invertido en la mercancía, ya que éste repetirá su compra y le recomendará a sus conocidos.

En la medida que su negocio vaya creciendo, se verá obligado a contratar otros vendedores, y usted podrá dedicarse únicamente a coordinar telefónicamente los procesos de ventas.

Recuerde que todo empleado debe estar cubierto por el Seguro de Compensación (*Worker's Compensation*) que lo protege de cualquier accidente que ocurren en el trabajo.

Aspectos generales

Su principal desafío será encontrar los proveedores adecuados de lo que quiera vender. Lo ideal es contactar directamente a fabricantes que estén lanzando productos nuevos al mercado y necesiten ampliarse. Otra potenciales proveedores son un pequeños empresarios que antes de aventurarse en el mercado quieren probar la recepción de su producto entre los consumidores; pequeños comerciantes que estén creando su propia línea de indumentaria, artesanía, accesorios de decoración, o muebles.

Todos ellos estarán interesados en tener un vendedor independiente y las comisiones que le pueden exigir a cambio de la mercancía que le faciliten variará entre el 10% y el 40%.

Consultando el "Registro Thomas" (*Thomas Register*), en cualquier oficina del Departamento de Comercio de su ciudad, usted puede acceder a un listado de fabricantes por categoría y área geográfica.

Otra manera de abastecer su negocio es ir donde los vendedores mayoristas que comercializan grandes cantidades de productos al por mayor a un precio bruto. Estos carecen de los impuestos agregados de distribuidores y comerciantes. Cada ciudad ofrece locales de ventas exclusivas al por mayor y se ubican fácilmente en las páginas amarillas de la guía telefónica, o en su sitio en la web *www.smartpages.com*, buscando por "Wholesale" más el producto específico que quiera, por ejemplo "perfume".

Cada año se realizan ferias internacionales de fabricantes y mayoristas, (*"Trade Show"*) tales como:

1. *Tigers of Asia*, en Miami, Miami Convention Center
2. *Sands Convention Center*, Las Vegas Show (ASD) Orlando Variety
3. *Chicago Showroom* (por cita previa solamente) 2400 E. Devon, Suite 135
4. *New York Showroom* (por cita previa solamente) 230 Fifth Avenue, Suite 2007 New York, NY 10010 Teléfono: 212-679-1288 fax: 212-685-4826.

El catálogo completo de todos los comerciantes mayoristas existentes en los 50 estados se encuentra en la publicación *USA Wholesale Sources*, que cuesta $15 en las librerías especializadas y $13 encargándolo por Internet, en la página web *www.microcaddesign.com*.

Métodos de ventas

Elija el método de venta directa que más le acomode y contacte uno o más clientes para acordar una cita. Algunos de éstos son:

1. *Puerta a puerta*: La venta tiene lugar en el domicilio del cliente. El hecho de poder hablar en un ambiente relajado, permite tener el tiempo necesario para intentar vender un producto, lo cual no ocurre en lugares comerciales.
2. *Reuniones de grupo* (*"Party-Plan"*): El cliente actúa como anfitrión de una reunión social e invita a algunos amigos / vecinos a su casa. El propósito básico de la reunión es juntar tantos clientes potenciales como sea posible. Los asistentes se incentivan mutuamente, lo cual estimula una venta en cadena.

El anfitrión es premiado por la hospitalidad mostrada al vendedor a través de regalos.

1. *En el lugar de trabajo:* Se ofrece los productos a los trabajadores de una determinada oficina, empresa u organización pública. Este método tiene la ventaja de reagrupar varias personas simultáneamente. La cita ocurre durante la pausa de almuerzo o al final de la jornada.

   La autorización para vender se suele dar como contrapartida a unos acuerdos, normalmente en descuentos especiales sobre el precio de venta para los empleados.

Consejos prácticos

1. Elija productos fáciles de transportar, como por ejemplo accesorios y joyas de fantasía.
2. Sea constante y no se deje abatir si en un inicio no logra vender. Tampoco se deje vencer por respuestas negativas.
3. Garantice la devolución de una compra en caso de descontento del consumidor. Esto es sumamente importante porque le permite ganar credibilidad y respeto en el medio.
4. Si la mercancía no ha sido usada asegure un reembolso no menor al 90% de su costo.
5. Sea respetuoso con la privacidad de su cliente. Las ventas puerta a puerta sin cita previa tienen respuestas fuertemente negativas. Es recomendable acordar siempre una cita con anticipación
6. Elogie la calidad del producto más que la conveniencia de su precio y no se muestres insistente.

En qué debe invertir

Abastecimiento de mercancía	$300
Tarjetas de presentación (100)	$100
Bolso o mochila para trasladar los productos y catálogos	$25

Cuánto cobrar

Se establece el precio del producto en relación al valor en bruto al cual lo adquirió. Para que sea conveniente, debe al menos doblarlo.

A eso súmele el costo de su trabajo, entre un 20% a 50 % más del valor final del producto.

Cómo promocionarse

Organice una reunión entre amigos, familiares y vecinos para dar a conocer los productos que venderá. Promueva entre ellos el dato de boca en boca, el método más eficaz para conseguir nuevos clientes Una vez cerrada una operación de venta le puede solicitar al cliente información sobre otras personas que, a su parecer pueden intersarse en sos productos.

De esta forma se consigue un flujo continuo de clientes potenciales.

Entregue tarjetas de presentación con todos sus datos en casas particulares, oficinas, centros comunitarios y juntas de vecinos en períodos de fiestas, como Navidad o el Día de la Madre, el Día del Padre, etc.

CAPÍTULO 9

CATERING
(Proveedor de comidas)

Los americanos prefieren comer que cocinar. No es casualidad que sean ellos los inventores del concepto de comida rápida (*fast food*), de reparto (*delivery*) de menús, así como de *catering*, que consiste en preparar una comida para un determinado evento.

Salir a comer a restaurantes, marcar un número de teléfono y en pocos minutos tener en la puerta de casa una bandeja de sushis o de tacos mexicanos, o contratar alguien a fin de que prepare un cóctel o un banquete, son prácticas cotidianas en los Estados Unidos.

El auge que ha tenido en los última años la industria culinaria se debe básicamente a tres razones: primero, comer bien se está convirtiendo en sinónimo de "entretención" (basta ver el éxito de canales de televisión como *Food Network*); segundo, la inserción de la mujer al mundo laboral ha impulsado la entrada del hombre a la cocina, produciendo un verdadero ejército de chefs; tercero, en la agitada vida cotidiana de hoy, muchas veces no hay tiempo para cocinar.

Por otra parte, en los últimos años ha crecido el interés de la gente por las distintas culturas culinarias, y se ve una tendencia a abandonar la comida rápida, también llamada *junk food*, sustituyéndola por platos exóticos, sanos y frescos.

Aunque el negocio de la comida es de los más riesgosos y

competitivos, especialmente en las grandes ciudades, crear una pequeña compañía de catering resulta atractivo, especialmente si se va marcar la diferencia con menús variados e inspirados en las tradiciones culinarias del propio país de origen.

Cualquiera con buen paladar, un sentido de la organización y un medio de transporte propio, puede aventurarse.

Puntos a considerar

Hacer un catering consiste en crear y preparar un menú para un determinado grupo de personas. La mayoría de las veces la idea de "catering" se asocia a banquetes de bodas o fiestas, pero hoy en día este servicio se ha popularizado a todo tipo de ocasiones.

Existen dos modalidades de catering:

- El catering repartido a domicilio que ya viene preparado (llamado *off premise*, "fuera del lugar").
- El catering que se prepara en la casa del cliente (llamado *on-site*, "en el lugar o sitio").

La mayoría de los dueños de catering "fuera del lugar" cocinan en las cocinas de sus propias casas, lo que permite ahorrarse costos de inversión en equipos y concede una gran libertad para desarrollar el trabajo. El principal desafío del este tipo de catering—muy popular a la hora del almuerzo—es la puntualidad; saber cumplir con un pedido y despacharlo a tiempo hasta el lugar donde se encuentra el cliente.

Cuando el cliente quiere un servicio de catering "en el lugar", en cambio, se utiliza su cocina de su hogar, aunque puede adelantar algo del trabajo en su propia casa, como por ejemplo, el lavado y corte de verduras o la preparación de aliños y salsas.

En general, se solicita este tipo de servicio para cenas, ya sean íntimas o de gala, cócteles, banquetes y festejos de todo tipo.

El hecho de que su cocina o la del cliente sean pequeña, no implica que deba comprarse una nueva o descartar una oferta de trabajo por ese motivo. Una empresa de catering, sobre todo en sus inicios, debe estar preparada para funcionar en cualquier lugar, con los mínimos implementos y recursos a su disposición.

Si es novato en este negocio, es siempre recomendable empezar "en pequeño", es decir, cocinando lo más simple y para un grupo de personas restringido. Haber trabajado en restaurantes, ayuda a entender cómo funciona el sistema por dentro, pero no asegura su eficiencia como administrador de un catering. El negocio de la comida se va aprendiendo sobre la marcha.

Aunque la idea de hacer banquetes para fiestas puede ser económicamente tentadora, es mejor entrenarse poco a poco y vencer la tentación de empezar a "lo grande", ya que requiere más inversión y producción (ver sección "Ampliando el negocio").

Una clave para que este negocio sea exitoso es no salirse nunca del presupuesto inicial invertido en los alimentos que se cocinan. A esto debe agregarse otros costos de producción, como los gastos en teléfono usado para comunicarse con el cliente, y las cuentas de gas, luz, agua, etc. Para estos efectos se recomienda consultar un contador ya que parte de estos gastos pueden ser deducidos de sus impuestos.

Cuestiones legales importantes

Averigüe si en su estado está permitido hacer catering desde cocinas domésticas (en la mayoría sí se puede) y si necesita un *caterer's license* (licencia de catering). Las licencias se obtienen en el Departamento de Salud y por lo general cuesta entre $30 y $200. Si va a vender alcohol, la licencia aumenta considerablemente de precio.

Algunas leyes obligan a tomar una licencia para "cualquier trabajo de almacenamiento, preparación, y empaquetamiento de alimentos destinados a la venta y al consumo". Otros, hacen excepciones dependiendo del tipo de trabajo.

Se recomienda tomar algún Seguro de Responsabilidad Civil, que proteja su negocio en el caso de que algún cliente sufra de indigestión o envenenamientos. Recuerde que una demanda podría arruinar su negocio.

Aspectos generales

1. Crear y planear un determinado menú.
2. Producir el menú, comprando los alimentos frescos frecuentemente en el mercado y teniendo un proveedor habitual que le haga descuentos.
3. Preparar el menú ya sea en su casa o en la del cliente.
4. Calcular porciones individuales.
5. Hacer llegar con puntualidad el pedido al cliente y/o llegar a cocinar a tiempo a su casa.

Consejos prácticos

1. Hacer menús creativos y de calidad, sin olvidar que su aporte cultural es su signo distintivo.
2. Ser flexible en la demanda de diferentes menús.
3. Tener siempre una opción de menú vegetariano o bajo en calorías.
4. Estar preparado para ofrecer un catering a última hora.
5. Llevar un fichero con las preferencias y los datos de cada cliente.
6. Trabajar bajo normas sanitarias y usar siempre alimentos frescos.
7. Trabajar siempre con anticipación.
8. Ser rápido y eficaz. De nada sirve saber preparar un buen huevo si se va a demorar una hora en cocerlo.
9. Saber relacionarse profesionalmente con el cliente.

Una manera facil de empezar: sandwiches, ensaladas, sopas

La ventaja de empezar un negocio pequeño de reparto de sandwiches, ensaladas y sopas a la hora de almuerzo es que sólo se dedicará a cocinar y no tendrá que ser responsable de subcontratar mozos, alquilar juegos de vajilla, o decorar mesas como ocurre con algunos catering de fiestas y banquetes.

Concentrar su mano y paladar en especialidades que sean fáciles de llevar a cabo, como las aquí nombradas, le permitirá además ganar un entrenamiento que luego podrá aplicar a otras especialidades.

Una clave para ganar clientes es no cobrar por el reparto ni exigir un mínimo de compras como lo hacen otras compañías.

Contrariamente a lo que se piensa, el catering a la hora de almuerzo puede traer mucha fama, especialmente entre los oficinistas, ya que la dedicación que hay detrás de una comida se nota tanto en una simple ensalada como en unos finos canapés. Un plato sofisticado no siempre es sinónimo de elegante, y basta una presentación adecuada para darle un toque de distinción a cualquier alimento. Por cierto, su sello distintivo depende de la originalidad de sus platos.

En un comienzo es recomendable concentrar la repartición del catering en el mismo barrio o sector en que está ubicada la cocina desde la cual trabajas, la cual puede ubicarse en su casa o si la legislación no lo permite, ser alquilada a un precio bajo, por ejemplo en iglesias o centros comunitarios.

Sandwiches. El negocio de sandwiches es el segmento que más ha crecido en la industria de la cocina.

Dada la alta competencia, una buena estrategia para posesionarse en el mercado es ofrecer distintos tipos de sandwiches que combinen alimentos de su país de origen y bajas calorías. Proponer comida latina sana y baja en grasas puede ser muy atractivo.

Ensaladas. Las ensaladas siempre tendrán su público. En un país donde gran parte de la población sufre de obesidad, los vegetales tienen su lugar asegurado entre muchos clientes que procuran cuidar su salud. Proponga ensaladas novedosas, exóticas, y sabrosas, cuyo aspecto sea tan atractivo como el de un pollo a las brazas.

Sopas. Las sopas tienen la ventaja de no ser caras y de contener bajas calorías. Según la Asociación Nacional de Restaurantes, *NRA*, el consumo de sopas ha conocido un alza durante los últimos años. Las hay de todo tipo; de legumbres (desde maíz a brócoli) y combinadas con variados aliños. El 80% de éstas se consumen a la hora de almuerzo.

Sobre sus clientes

Sus potenciales clientes son tan variados como los sandwiches, ensaladas y sopas que puedes ofrecerles.

1. Oficinas: Inmersos en la rutina laboral, muchas personas no tienen tiempo para almorzar con cuchillo y tenedor en mano. Lo mismo ocurre en horarios adicionales de trabajo, de noche.
2. Partidos políticos, clubes sociales, iglesias, centros comunitarios, empresas, juntas de vecinos, escuelas, ONG: Estas corporaciones suelen organizar almuerzos durante encuentros sociales, recepciones, seminarios, o reuniones, y evitan complicarse con el menú.
3. Rodajes de películas, estrenos de teatro, inauguraciones de galerías de arte. En ciudades cinematográficas como Nueva York y Los Angeles, es muy común pedir catering de sandwiches durante las extensas filmaciones de películas.

Ampliando el negocio: cocteles, cenas y fiestas

Las ocasiones para contratar un catering nunca faltan. Siempre va haber un familiar, un amigo o un conocido de alguien que se case o que quiera celebrar su cumpleaños "a lo grande".

En un inicio, lo más fácil es ofrecer cócteles ya que le permitirán ahorrar costos de inversión y reducir el tiempo en la cocina. Los bufetes, por su parte, tienen la ventaja práctica de que es el mismo cliente quien se sirve su plato.

La preparación de fiestas y cenas, requiere un despliegue mayor de personal y de producción ornamental. Algunos servicios de catering ofrecen un servicio completo que incluye todo lo relacionado a un evento, desde el equipo de mozos que servirá la comida, el barman, los manteles de las mesas a los arreglos florales. Sin embargo, la mayoría de los negocios se concentran únicamente en las tareas de la cocina y subcontratan o se asocian con otras compañías de decoración y animación. Tener amigos en estos rubros puede ser muy ventajoso y se puede ofrecer un paquete de fiesta.

Si los asistentes serán numerosos, es bueno haber pasado antes por un restaurante (como mozo o ayudante chef) ya que es un buen entrenamiento para saber de finanzas, costos de inversión, optimización de los productos, cálculos, etc. De lo contrario, se recomienda consultar un contador.

Aparte del presupuesto de la comida, no olvide que otro de los costos adicionales a considerar es el consumo de alcohol. En general se calcula media botella de vino o tres cervezas por persona, o si se prefiere, se cobra aparte según todo lo consumido.

Comúnmente se solicitan catering para:

- **Eventos privados**
  - Recepciones
  - Cenas privadas*
  - Casamientos
  - Graduaciones
  - Cumpleaños / aniversarios
  - Bautizos/Baby shower

- **Eventos corporativos**
  - Aniversario de la compañía
  - Conferencias / seminarios
  - Inauguraciones
  - Celebraciones / eventos especiales
  - Fiestas de jubilación

*Muchas personas, en general, solteros o parejas con buenos recursos, contratan alguien para que cocine en su domicilio, sin ninguna razón especial, solo por el gusto de comer bien y de probar platos exóticos. Estas ocasiones son ideales para entrenarse en la preparación de cenas grandes.

¡ATENCIÓN!: Más de la mitad de este trabajo consiste en saber hacer buenas relaciones públicas. Es fundamental demostrarse amable y paciente con el cliente.

Para ganar profesionalismo y credibilidad es fundamental preocuparse de su propia presentación. No necesita mayores atuendos, sino ropa sobria y profesional. El clásico delantal blanco es siempre bienvenido al momento de servir.

Producción

Antes de preparar un catering para un evento hay que resolver distintos puntos:

- Fecha y lugar de la fiesta.
- Cuantos invitados comerán y qué comerán. Esto determinará el costo del evento.
- Qué tipo de evento es: cóctel, desayuno de trabajo, cena formal, bufete.
- Entrevistarse con el cliente y discutir cuanto tiene contemplado gastar el cliente
- Hacer un presupuesto detallado y especificar qué incluye: si sólo la comida, o también la vajilla, la mantelería, la cristalería, el personal de servicio, y la bebida alcohólica y no alcohólica.
- Si el cliente rechaza el presupuesto, vuelva a negociarlo, abaratando costos si es posible.
- Calcule minuciosamente la compra de alimentos: se debe perder lo menos posible en los productos caros (como la carne, por ejemplo), y ser abundantes en los baratos (como la ensalada).

Es muy importante seguir un orden de producción para no tener malentendidos con el cliente. Sólo una vez acordada la fecha y el lugar del catering, la cantidad de invitados y el tipo de menú, hará una cotización del menú sugerido.

Preparación del menú

Dada la alta competencia, una manera de destacarse es especializándose en menús temáticos, por ejemplo, una cena peruana, con música peruana y ornamentos peruanos. Sin embargo, se recomienda:

- Tener una gama de distintos menús, alternativos a su especialidad. Considere siempre una opción vegetariana.
- Organice, si es necesario, una degustación gratuita con su cliente antes del evento para tomar la decisión final del menú escogido.
- Una vez seleccionado el menú, haga un plan de cocina, detallando qué va a cocinar primero.
- Al momento de cocinar, calcule el tamaño de las porciones de cada plato y cuántas porciones adicionales podrá servir si algún invitado lo pide.

En qué debe invertir

Para catering de sandwiches, ensaladas y sopas

Tabla de madera	$9
Juego de 4 cuchillos	$20
Olla	$6
Sartén	$5
Juego de contenedores plásticos	$6
Papel de aluminio para envolver alimento	$2
Contenedores desechables para reparto de comida	$0.15 x unidad
Servilletas	$0.99
Servicio plástico	$1.00 x unidad

Para catering de cenas, cócteles y fiestas

Juego completo de utensilios de cocina entre 80 y $ 200

Cuánto cobrar

Para sandwiches, ensaladas y sopas

El precio variará dependiendo del contenido, el grado de elaboración, y el tamaño.

Sándwich: entre $4.00 y $7.00
Ensalada: $5, aprox.
Sopa: entre $ 4 y $6, aprox.

Para cócteles, cenas y fiestas

El valor de un cóctel o de una cena es un cálculo fácil; X número de personas por X dólares (por persona). El rango del precio en general se calcula duplicando (y hasta triplicando) el costo de la comida.

Este variará asimismo, de acuerdo a la calidad de los productos y la elaboración de los platos. Para hacerse una idea se recomienda llamar a las compañías existentes y preguntar por ejemplo, cuanto cuesta un cóctel para 50 personas o una cena para 100 invitados.

En general, se suele cobrar*:
Cóctel $25 por persona
Bufete $40 por persona
Cena   entre $50 y $ 100 por persona

(*) A esto se le deberá sumar el costo de las bebidas, el servicio y el alquiler de manteles y vajillas, si es necesario.

Cómo promocionarse

La mejor promoción es la que corre de boca en boca. Si, por ejemplo, alguien le comenta a otra persona "No has probado los sandwiches de S y S (Sano y Sabroso)? Son deliciosos", puede considerar el primer desafío superado.

Si la fama no le llega sola, trabájela. Ofrézcale a vecinos, oficinistas, bancos y empresas a degustaciones gratuitas de sus sandwiches, ensaladas y sopas. En los primeros repartos, puede regalar un postre o un acompañamiento.

Para cenas y fiestas, también puede ofrecer una degustación de sus menús, visitando organizadores de matrimonios, dueños de hotel, banquetes, productores de eventos.

Es indispensable que tenga una tarjeta de presentación con el nombre de su negocio de catering, teléfono, celular, dirección y correo electrónico (eventualmente).

Deje volantes en lugares públicos concurridos por la mayor cantidad de gente, como supermercados y cafés.

Ejemplo de Anuncios

1. S y S COMA SANO y SABROSO: sandwiches, ensaladas y sopas como usted siempre las soñó, alta en sabor y baja en calorías. Reparto gratis. ¡Llame a Anamaría ahora! 334-678-9561

2. ¿Quiere bailar tango mientras saborea una parrillada argentina? SERVICIO A DOMICILIO DE COMIDAS PREPARADAS PARA FIESTAS Y CELEBRACIONES. Manuel Rojas, (482) 476-5397

3. Usted elige el menú, yo se lo preparo. COMA LO QUE QUIERA, Catering, le ofrece variados platos para matrimonios, cumpleaños, bautizos, cenas intimas y eventos de todo tipo.

CAPÍTULO 10

ANIMADOR DE FIESTAS INFANTILES

Animar fiestas para niños se ha convertido en un verdadero negocio en el campo de la entretención. Inmersos en la rutina laboral, muchas veces los padres no tienen tiempo para preparar el cumpleaños de su hijo, o mejor dicho, para prepararlo tal como él o ella lo quiere. Los niños de hoy son cada vez más exigentes al momento de divertirse y no se contentan con un tradicional pastel bien decorado y unos cuantos globos colgando del techo.

Consumidores asiduos, saben perfectamente qué les gusta y qué no, y conocen a la perfección su propio universo infantil, el cual es influenciado tanto por la televisión como por los nuevos juegos y personajes animados que surgen en el mercado.

A partir de los tres aprecian que se celebre su cumpleaños y sienten que el mejor regalo que pueden recibir, es la misma fiesta.

Dado que se trata de una ocasión especial y única al año, muchos padres están dispuestos a invertir dinero en ella. Sin embargo, darles el gusto es todo un trabajo, lo que lleva a muchas personas a contratar alguien de afuera, a fin de que anime y organice la celebración.

Generalmente, los animadores de fiestas infantiles son personas jóvenes, hombres o mujeres, creativos y con una personalidad extrovertida. Aunque este negocio es ejercido generalmente por estudiantes, cantantes o comediantes no profesionales, el único requisito para aventurarse es tener afinidad con los niños, de lo contrario, se corre el riesgo de convertirse en la típica caricatura del payaso triste.

Llevado a cabo con profesionalismo y dedicación, la animación infantil es placentera y a la vez rentable.

Puntos a considerar

Al organizar el cumpleaños de un niño es importante tomar en cuenta tres factores: los gustos del menor; el presupuesto que están dispuestos a invertir sus padres y lo que usted va ofrecer durante el tiempo en que durará la fiesta (generalmente tres horas).

Antes que nada, debe definir la especialidad de su animación; si por ejemplo, se desenvolverá como payaso, mago, animador de juegos u organizador de fiestas temáticas (ver "Tipos de fiestas"). Una opción no quita la otra, y si quiere abrirse a todas las posibilidades de entretención y a las diversas preferencias de los niños, es fundamental estar al tanto de las actividades, juegos y personajes que están en boga hoy en día.

También es necesario informarse sobre cuales son los dibujos animados transmitidos en la televisión, los libros de cuentos más comprados y los fenómenos infantiles del momento (como por ejemplo, Harry Potter).

Manejar esta información, le permite ganar credibilidad y profesionalismo entre los clientes, y por otro, le puede ayudar a definir su propio estilo y concepto de entretención. Por último, inspirarse en las tradiciones populares de su país—como el juego mexicano de la piñata—le permitirá encontrar ese signo de distinción que necesita para diferenciarse de sus competidores.

Una vez definido el estilo de fiesta, deberá discutir su costo con los padres del niño. Muchos padres tienden a pensar "a lo grande," por lo cual es necesario clarificar si el tipo de celebración que ellos imaginan excede su presupuesto y requiere gastos adicionales. Si por el contrario esperan gastar poco dinero, sírvase de su creatividad a fin de abaratar costos. No hacen falta grandes gastos para inventar disfraces, juegos, decoraciones, sino sentarse a pensar un momento, hacer una lista de materiales y ver cómo deducir gastos innecesarios. Si, por ejemplo, tiene dotes para la costura, usted mismo puedes fabricarse los disfraces, en vez de comprarlos en los negocios. También puede encontrar muchos accesorios en tiendas de a dólar y liquidaciones de particulares (*garage sale*). Los globos son los artículos de decoración más económicos y crean un ambiente muy simpático.

La planificación y la producción de cada fiesta se hace con al menos tres semanas de anticipación. Si la demanda de fiestas aumenta va tener que organizar con minuciosidad la agenda de cada compromiso que suscriba sobre la marcha.

No se sorprenda si su negocio se agranda rápidamente. Un cliente puede arrastrar consigo muchos otros clientes potenciales: una fiesta infantil exitosa llama la atención de los padres de los asistentes y verán en usted un dato seguro para el cumpleaños de su propio hijo. Lo más probable es que de animador pase a ser organizador de los eventos, delegando esa función a otros empleados. Aunque, algunos de sus trabajadores tengan como única labor, ir a comprar por ejemplo, las decoraciones a un negocio, procure brindarles el Seguro de Compensación (*Worker's Compensation*), en el caso de que sufran algún accidente.

La gran proyección de su negocio será consolidarse como una verdadera empresa de diversión infantil, ofreciendo shows en escuelas, campamentos de verano y hospitales para niños.

Tipos recurrentes de fiestas

- Fiesta temática: Son las más de moda hoy en día. Consiste en recrear un mundo ficticio de acuerdo a un mismo tema (brujería, piratas, marcianos, Edad Media, etc.) Aprovechando su origen hispano puede recrear un rancho con piñatas, sombreros, ponchos, música y comida mexicana. También puede enseñarle a los niños algunas palabras en español; o hacer una fiesta caribeña con decorados de palmeras, pájaros tropicales, collares hawaianos, música merengue, salsa, etc.

- Fiesta de disfraces: Elija un disfraz que inspire juegos y llame la atención de los niños: un payaso, un personaje de su libre invención, una profesión divertida (cantante de rock, por ejemplo); un héroe popular (El Hombre Araña, por ejemplo); un ser imaginario de películas famosas (El Rey León, por ejemplo); o imitar una celebridad (Homer Simpson, por ejemplo).

- Fiesta con pelucas y maquillaje: Es más económica que una fiesta de disfraces completos. Le facilita a los niños pelucas de colores, boas de plumas, sombreros y maquillaje brillante. Las posibilidades son infinitas y muy divertidas.

- Fiesta con magias: Hacer magias y adivinanzas es una manera segura de entretener chicos y grandes. Se requiere, sin embargo aprender los trucos.

- Fiesta de títeres: Funciona para los más pequeños, de lo contrario se corre el riesgo de que los niños se aburran.

Ideas de juegos clásicos

1. **Piñata**. Muy populares en Latinoamérica, tienen el don de divertir a los niños y de ser económica. Las puede fabricar usted mismo o comprarlas hechas. Los niños adoran la expectación que provoca tratar de romper la piñata y descubrir los dulces y sorpresas que esconde adentro.

2. **El juego de la silla**. Tener música sonando siempre anima una fiesta. En este juego, los niños bailan hasta que la música se apaga abruptamente, viéndose obligados a ocupar las sillas que hay en el salón. Al faltar una silla donde sentarse, los participantes se van excluyendo paulatinamente hasta que quedan dos finalistas.

3. **El teléfono.** Este es un juego para niños mayores. Sentados en un círculo, se hace una cadena en que un niño le repite al otro lo que escuchó. La palabra original se modifica al llegar al final.

Aspectos generales

1. Procurarse un disfraz. Lo puede fabricar usted mismo, o comprarlo descontado en negocios.
2. Fabricar o comprar en locales especializados todos los accesorios, juegos y elementos decorativos, que conformarán sus herramientas de trabajo.
3. Hacer una lista con cada actividad que habrá en la fiesta, en orden cronológico y con su tiempo de duración correspondiente. Ejemplo: de 3-4: pastel; 4-5 Juegos, etc.
4. Si va organizar una fiesta temática, decore la casa con anticipación y al final de la fiesta preocúpese de desmontar los materiales.

Consejos prácticos

1. Revise la lista de lo que necesita para la animación de la fiesta y asegúrese de tener todo a mano unos días antes.
2. Ensaye su personaje y los juegos que va a hacer en casa de amigos o familiares.
3. Trate de no copiar disfraces comerciales, o modifíquelos usando su creatividad.
4. Aprenda a improvisar y sea flexible para sustituir un juego por otro.
5. No obligue a todos los niños a jugar en grupo.
6. Nunca cancele una fiesta. En caso de emergencia contacte alguien que pueda reemplazarlo a usted o a uno de sus empleados.

Medidas de seguridad

Cuando se trabaja con niños se debe ser precavido. Un accidente puede ensombrecer una fiesta y su trabajo. Consulte con un agente de seguro qué seguros de accidentes a terceros le conviene. Para prevenir malos ratos, preocúpese de:

1. Desplazar los objetos frágiles y punzantes del salón o las habitaciones donde jugarán los niños. Si va a tener piñatas, verifique que al momento de romperse, los niños estén a una distancia prudente para evitar cualquier golpe.
2. Controlar el acceso de personas ajenas a la fiesta y evitar que algún niño salga.

En qué debe invertir

Lo mínimo que debe tener para animar una fiesta es:

Pancartas de Feliz Cumpleaños	$ 2
Adornos (Confetti)	$2 c/u
Globos de 12 pulgadas	$0.30 c/u aprox.
Piñata	$10 y más, dependiendo de su elaboración.
Serpentinas	$0.80
Bolsas de caramelos	$10
Un disfraz	$50 (en el mercado)

¡ATENCIÓN!: Comprar al por mayor abarata costos. Consulte la paginas amarillas de su ciudad, buscando por "Parties Supplies Wholesale" (materiales de fiestas al por mayor), o en su página de Internet *www. smartpages.com*.

Hay otros sitios en la web donde se puede contactar directamente al distribuidor de materiales infantiles, como *www.birthdaydirect.com*. Si desea conseguir artículos de segunda mano, consulte *www.discou ntpartysupply.makesparties.com* o *www. dealtime.com*.

Cuánto cobrar

1. Entre $ 50 y $100 la hora.

A esto, súmele los materiales de la fiesta. Al calcular sus gastos, debe incluir el costo de su tiempo de producción, tiempo para comprar los materiales, tiempo en decorar y el consumo de gasolina.

Cómo promocionarse

Como ya dijimos anteriormente, el dato de boca en boca es muy eficaz. Reparta tarjetas de presentación a los padres de los niños después de cada fiesta. Deje volantes en guarderías infantiles, escuelas, iglesias, centros sociales de su comunidad, heladerías, dulcerías y negocios a los que acuden comúnmente niños.

BIBLIOGRAFÍA

Steps to Small Business Start-Up: Everything You Need to Know to Turn Your Idea into a Successful Business by Linda Pinson, Jerry Jinnett (Paperback—January 2000)

Entrepreneur's Ultimate Start-Up Directory: Includes 1,350 Great Business Ideas by James Stephenson (Paperback—October 2001)

101 best Home-Based Businesses for Women, 3rd ed., by Priscilla Y.Huff (Prima Publishing—2002)

El sueño americano: cómo los latinos pueden triunfar en Estados Unidos by Lionel Sosa (Paperback—March 1998)

How to Start a Home-Based Day-Care Business, 4th ed. by Shari Steelsmith (Author) (The Global Pequot press—2001)

Startup: Start Your Own Cleaning Service: Your Step-By-Step Guide to Success by Jacquelyn Lynn (Entrepeneur press—January 2003)

The Reality of Professional Pet Sitting by Suzanne M. Roth (Paperback—March 1999)

Jardinería práctica: Cómo cuidar y sacar el máximo partido al jardín (Guías prácticas de jardinería) by Sue Phillips (Paperback—September 2002)

The Complete Caterer by Elizabeth Lawrence (Paperback—1992)

How to Start a Home-Based Catering Business, 4th ed. by Denise (Paperback—2000)

Autoempleo—Poder Trabajar Depende de Mi by Marite Salvat (Paperback - June 2002)

INTERNET
Sobre la realidad hispana en EE.UU:
www.mundohispano.com
www.hispanonews.com
www. negocitos. com
www.minegocito.org/alas

www.soyentrepeneur.com
www.latpro.com
*www.sba.gov.*espanol

Sobre informaciones prácticas de cada negocio:
www.bricotodo.com
www.toolscomplete.com
www.doityourself.com
www.homedepot.com

Sobre la obtención de licencias:
Alabama—*www.ador.state.al.us/licenses/authrity.html*
Alaska—*www.dced.state.ak.us/occ/buslic.htm*
Arizona—*www.revenue.state.az.us/license.htm*
Arkansas—*www.state.ar.us/online_business.php*
California—*www.calgold.ca.gov/*
Colorado—*www.state.co.us/gov_dir/obd/blid.htm*
Connecticut—*www.state.ct.us/*
Delaware—*www.state.de.us/revenue/obt/obtmain.htm*
District of Columbia—*www.dcra.dc.gov/*
Florida—www.*sun6.dms.state.fl.us/dor/businesses/*
Georgia—*www.sos.state.ga.us/corporations/regforms.htm*
Hawaii—*www.hawaii.gov/dbedt/start/starting.html*
Idowa—*www.idoc.state.id.us*
Illinois—*www.sos.state.il.us/departments/business_services/business.html*
Indiana—*www.state.in.us/sic/owners/ia.html*
Iowa—*www.iowasmart.com/blic/*
Kansas—Not available at this time
Kentucky—*www.thinkkentucky.com/kyedc/ebpermits.asp*
Louisiana—Not available at this time
Maine—*www.econdevmaine.com/biz-develop.htm*
Maryland—*www.dllr.state.md.us/*
Massachusetts—*www.state.ma.us/sec/cor/coridx.htm*
Michigan—www.*medc.michigan.org/services/startups/index2.asp*
Minnesota—*www.dted.state.mn.uss*
Mississippi—*www.olemiss.edu/depts/mssbdc/going_intobus.html*
Missouri—*www.ded.state.mo.us/business/businesscenter/*
Montana—*www.state.mt.us/sos/biz.htm*
Nebraska—Not available at this time
New Hampshire—*www.nhsbdc.org/startup.htm*
New Jersey—*www.state.nj.us/njbiz/s_lic_and_cert.shtml*
New York—*www.dos.state.ny.us/lcns/licensing.html*

New Mexico—Not available at this time
Nevada—Not available at this time
North Carolina—*www.secstate.state.nc.us/secstate/blio/default.htm*
North Dakota—*www.state.nd.us/sec/*
Ohio—*www.state.oh.us/sos/business_services_information.htm*
Oklahoma—*www.okonestop.com/*
Oregon—*www.filinginoregon.com*
Pennsylvania—*www.paopenforbusiness.state.pa.us*
Rhode Island—*www.corps.state.ri.us/firststop/index.asp*
South Carolina—*www.state.sd.us/STATE/sitecategory.cfm?mp=Licenses*
South Dakota—Not available at this time
Tennessee—Not available at this time
Texas—*www.tded.state.tx.us/guide/*
Utah—*www.commerce.state.ut.us/web/commerce/admin/licen.htm*
Vermont—*www.sec.state.vt.us/*
Virginia—*www.dba.state.va.us/licenses/*
Washington—*www.wa.gov/dol/bpd/limsnet.htm*
West Virginia—*www.state.wv.us/taxrev/busreg.html*
Wisconsin—*www.wdfi.org/corporations/forms/*
Wyoming—*soswy.state.wy.us/corporat/corporat.htm*